FACULTÉ DE DROIT DE PARIS

THÈSE

POUR LE

DOCTORAT

PAR

A. BOUVET

AVOCAT A LA COUR D'APPEL DE BESANÇON

PARIS

IMPRIMERIE DE E. DONNAUD

9, RUE CASSETTE, 9

1877

FACULTÉ DE DROIT DE PARIS

THÈSE

POUR

LE DOCTORAT

DROIT ROMAIN

DES ATTRIBUTIONS DU TUTEUR DES IMPUBÈRES

DROIT FRANÇAIS

DE L'ÉMANCIPATION

L'ACTE PUBLIC SUR LES MATIÈRES CI-APRÈS SERA SOUTENU
le mercredi 18 juillet 1877, à 1 heure et demie

PAR

A. BOUVET
Avocat à la Cour d'Appel de Besançon

Président : M. C. BUFNOIR, *professeur*

Suffragants :
MM. DE VALROGER, MACHELARD, COLMET DE SANTERRE, *Professeurs.*
MM. CASSIN, BOISTEL, *Agrégés*

Le candidat répondra en outre aux questions qui lui seront faites sur les autres matières de l'enseignement.

PARIS
IMPRIMERIE DE E. DONNAUD
9, RUE CASSETTE, 9
1877

A MON PÈRE

A MA MÈRE

DROIT ROMAIN

DES ATTRIBUTIONS DU TUTEUR DES IMPUBÈRES.

A Rome, le tuteur avait uniquement à s'occuper du patrimoine du pupille; la garde, l'éducation, le soin de la personne ne rentraient pas dans ses attributions, et, s'il intervenait, ce n'était que sous le rapport pécuniaire, afin de fournir l'argent nécessaire pour entretenir et élever l'enfant. Un titre entier au Digeste (titre 2, liv. 27) donne des règles très-précises relativement à la surveillance de la personne du pupille; nous y voyons, qu'avant tout, il fallait se conformer à la volonté du père; si le père n'avait pas laissé d'instructions à ce sujet, le magistrat devait désigner la personne chez qui l'enfant serait élevé; ce pouvait être la mère, ou un cognat, ou même une femme autre que la mère, et pourtant les femmes étaient étrangères à la tutelle.

Et le législateur avait été très-prudent en agissant ainsi : il voulait protéger la vie et l'honneur du pupille. Cette idée se retrouve dans notre ancien droit français où le bail et la garde du mineur ne résidaient pas dans les mêmes mains. Souvent le tuteur est l'héritier présomptif du pupille, et il eût été dangereux de confier la personne d'un enfant sans défense à un homme placé entre son devoir et son intérêt. Cependant la loi 14 (liv. 26, tit. 2) au Digeste nous dit : « *Tutor datur personæ.* » Ce principe ne semble-t-il pas en opposition avec ce que nous venons d'avancer? Non, car le mot *persona* en droit romain ne doit pas être pris dans son sens naturel et tel que le langage moderne l'entend aujourd'hui. *Persona* signifie personnalité juridique, c'est, comme le dit M. Mainz, « l'ensemble des droits, et même l'ensemble des droits patrimoniaux qui compètent à un individu, ou bien, la capacité d'avoir et d'acquérir des droits. » Le texte de Marcien : *Tutor datur personæ*, peut donc se traduire ainsi : Le tuteur est chargé de compléter la personnalité juridique du pupille.

Les attributions du tuteur n'ayant trait qu'à l'ensemble du patrimoine, notre tâche doit se borner à rechercher en quoi consistent ces attributions.

Avant de s'immiscer dans les affaires du pupille, le tuteur doit tout d'abord *cavere rem pupilli salvam fore*, c'est-à-dire prendre l'engagement de veiller aux intérêts de l'impubère (Gaius, § 109, Comm. 1 et Inst. 1, tit. 24). C'est dans la forme d'une stipulation qu'il s'oblige. Si le pupille n'est pas *infans*, ce sera lui qui interrogera et il demandera au tuteur : Promettez-vous *rem pupilli salvam fore*? Le tuteur répondra : Je le promets. Si le pupille est *infans* ou *absens*, son esclave stipulera pour lui; s'il n'a pas d'esclave, on lui en achètera un à cet effet, et s'il est trop pauvre pour acheter un esclave, on fera intervenir un *servus publicus* (L. 2, liv. 46, tit. 6, Dig.). C'était là un expédient.

Cette *cautio* était imposée à tous les tuteurs sans distinction; mais, de plus, certains tuteurs devaient *satisdare*, c'est-à-dire s'obliger en fournissant des débiteurs accessoires, des fidéjusseurs qui accédaient à leur engagement. On se servait également à leur égard de la *stipulatio*, mais la jurisprudence finit par se montrer moins exigeante et on voit d'après la loi 4 § 3, liv. 27, tit. 7 au Digeste que des fidéjusseurs désignés par le tuteur, s'ils étaient présents et avaient laissé écrire leur nom *in acta publica*, sans réclamer, se trouvaient tenus de la même manière que *si jure legitimo stipulatio interposita fuisset*.

Les tuteurs testamentaires et les tuteurs nommés *ex inquisitione* n'étaient pas tenus de *satisdare*. Le préteur dispensait même souvent, *causâ cognitâ*, de cette obligation le patron et le fils du patron (L. 5 § 1, liv. 26, tit. 4, Dig.).

Les tuteurs qui refusaient soit de *cavere*, soit de *satisdare* étaient condamnés à reparer tout le dommage que leur refus pouvait occasionner au pupille et étaient écartés comme suspects. De plus, s'il y avait eu dol de leur part, ils étaient notés d'infamie (L. 2, liv. 5, tit. 42, Cod.).

Au Bas-Empire, on faisait jurer au curateur du *furiosus* qu'il administrerait fidèlement (L. 7 § 5, *de Curat. furiosi* au Cod. et loi 27 *de Episcop. audient*). La Novelle

72 (ch. 8) rendit cette règle générale et l'appliqua au tuteur.

Le tuteur devait, en outre, faire *solemniter* et en présence de personnes publiques un inventaire très-détaillé de la fortune du pupille, en ayant soin de tout mentionner afin d'empêcher les détournements (L. 24, liv. 5, tit. 37 au Cod.).

La loi 7 princip. liv. 26, tit. 7 au Digeste indique la sanction de cette obligation : « *Tutor qui repertorium* » *non fecit, quod vulgo inventarium dicitur, dolo fecisse* » *videtur; nisi forte aliqua necessaria et justissima causa* » *allegari possit, cur id factum non sit. Si quis igitur* » *dolo inventarium non fecerit, in eâ conditione est, ut* » *teneatur in id quod pupilli interest; quod ex jureju-* » *rando in litem æstimatur.* » Ajoutons qu'il était écarté de la tutelle comme suspect et noté d'infamie (L. 13 § 1, liv. 5, tit. 51, Cod.). Mais le père pouvait dans son testament dispenser le tuteur de dresser un inventaire (L. 13 § 1, eod. tit.).

En principe, le tuteur ne doit rien faire avant la confection de l'inventaire, *nisi id quod dilationem nec modicam expectare possit* (L. 7, princ. *de Admin. et peric. tut.* Dig.). Une fois cette formalité remplie, les pouvoirs du tuteur commencent et ces pouvoirs se ramènent à deux fonctions bien distinctes indiquées par Ulpien dans ses Règles (tit. 11 § 25): « *Pupillarum pupillarumque tutores et negotia gerunt et auctoritatem interponunt.* » Tantôt le tuteur assiste le pupille; tantôt il agit pour lui.

Notre droit moderne ne fait point cette distinction;

chez nous, durant toute la tutelle le mineur reste inactif, son tuteur le remplace. Au premier abord, on est étonné qu'il n'en ait pas été de même à Rome et on se demande pourquoi ce double rôle du tuteur. Rien n'est plus facile à expliquer, il suffit de savoir qu'en droit romain une personne ne peut pas être remplacée par une autre personne; si le tuteur fait un acte pour le compte de son pupille, c'est dans la personne du tuteur que se réaliseront les effets de cet acte; s'il stipule d'un débiteur de son pupille, c'est lui qui sera créancier; s'il promet à un créancier du pupille c'est lui, tuteur, qui sera débiteur personnellement, il n'agira pas *nomine pupilli*, mais *nomine proprio*. Telle était la rigueur du droit romain. Le tuteur devait céder sa créance au pupille, comme aussi le pupille devait désintéresser son tuteur qui avait promis. Ce système, outre sa complication, présentait de grands dangers, et pour le pupille qui pouvait être trompé, et pour le tuteur qui pouvait se trouver ruiné, car il devait attendre jusqu'à l'expiration de la tutelle pour exercer son recours contre le pupille. Un autre inconvénient se produisait encore : il y avait en droit romain certains actes qui ne pouvaient être accomplis que par la partie intéressée, le tuteur ne pouvait pas les faire et si le pupille était *infans*, comme il se trouvait dans l'impossibilité d'agir, il était privé d'un bénéfice auquel il avait pourtant droit. Aussi, on comprend que les jurisconsultes aient été amenés à accorder aux impubères en tutelle toute la capacité de fait possible compatible avec leur état de faiblesse. Ils ont divisé l'impuberté en deux périodes : dans la première, le pupille est *infans*, il ne peut pas parler ou s'il parle, il ne comprend pas encore le sens des paroles qu'il prononce; les Romains, du moins suivant la majorité des interprètes, ont fait durer cette période jusqu'à l'âge de sept ans. Pendant ce temps, le tuteur seul agit, l'enfant n'étant pas capable d'avoir une volonté. Dans la seconde période qui va depuis l'âge de sept ans jusqu'à la puberté, le pupille *jam non est infans, fari potest*, il comprend ce qu'il dit, quoique sa volonté soit encore faible et débile, il a cependant une certaine intelligence, alors son tuteur l'assiste et complète sa personne juridique. Dans la première période : *Tutor negotia gerit;* dans la seconde : *Tutor auctoritatem interponit.*

Ce système avait sur la législation moderne un grand avantage, il initiait peu à peu le pupille à la pratique des affaires ; la seconde période était une espèce de stage après lequel, le pupille devenu pubère se trouvait beaucoup mieux préparé à gérer sa fortune.

Reprenons séparément chacune de ces deux fonctions du tuteur et parlons d'abord de l'*auctoritas* qui était la plus importante.

I. AUCTORITATIS INTERPOSITIO.

Le pupille a dépassé l'*infantia*, il jouit en quelque sorte d'une demi-capacité et son tuteur vient la compléter en donnant son *auctoritas*. Il ne faudrait pas traduire ce mot par *autorisation*, notre langue n'a pas de mot correspondant pour rendre le sens exact de cette expression toute particulière à la tutelle romaine.

L'*auctoritas* ne peut pas être subordonnée à une condition, quand même le contrat serait conditionnel (L. 8, huj. tit.). Le tuteur doit être présent (§ 2, Inst. h. t.); s'il interposait son *auctoritas* après coup, elle ne vaudrait rien, il faut qu'elle soit concomitante à l'acte. Dans l'ancien droit, le tuteur était interrogé et prononçait des paroles solennelles, mais ce formalisme disparut et Paul nous dit : « *Etiamsi non interrogatus tutor » auctor fiat, valet auctoritas ejus, cum se probare dicit id » quod agitur, hoc est enim auctorem fieri.* » (L. 3, h. t. Dig.). Sous Justinien, il suffit que l'*auctoritas* soit donnée d'une façon expresse, au moment même de l'acte (§ 2, tit. 21, liv. 1, Inst.): « *Post tempus vero aut per epistolam interposita auctoritas nihil agit* » (*Eod.*). Mais la présence de la personne qui contracte avec le pupille n'est pas exigée (L. 9 § 6, h. t. Dig.); de même que l'impubère n'a pas besoin de prononcer des paroles pour se trouver obligé, en vertu de l'*auctoritas tutoris* (L. 13, eod.).

Mais l'*auctoritas* est-elle toujours nécessaire?

Les Institutes (tit. 21, princ. liv. 1) répondent à cette question : « *Auctoritas tutoris in quibusdam causis » necessaria pupillis est, in quibusdam causis non est » necessaria..... Namque placuit meliorem quidem con- » ditionem licere iis facere, etiam sine tutoris auctori- » tate, deteriorem vero non aliter quam cum tutoris » auctoritate.* »

Rendre sa condition meilleure, c'est acquérir et se faire investir d'un droit de propriété ou de créance.

Rendre sa condition pire, c'est aliéner, c'est s'obliger. Pour faire cette distinction, il faut considérer l'effet direct et immédiat de l'acte accompli, mais la distinction n'est pas aussi facile à établir qu'on pourrait le supposer au premier abord, car dans tous les actes juridiques, ordinairement le gain et la perte se trouvent mêlés. Si le pupille stipule d'une autre personne, ou s'il obtient la possession d'une chose, ou s'il fait un pacte par lequel on lui remet sa dette, il rend sa condition meilleure et n'a pas besoin de l'*auctoritas tutoris.* S'agit-il au contraire pour le pupille de recouvrer une créance, de payer une dette, il rend sa condition pire, car, si d'une part il reçoit son argent, par contre, il aliène son droit. Il ne pourrait pas, non plus, *sine auctoritate tutoris,* recevoir un gage *propter metum pignoratitiæ actionis* (L. 38, *de Pign. act.* Dig.). De notre principe nous conclurons encore que le pupille peut *sine auctoritate* faire une *acceptilatio,* mais que seul il ne peut pas recevoir une *acceptilatio.*

Comme la donation, au point de vue où s'est placé le législateur romain, rend toujours meilleure la condition du pupille, il en résulte que l'*auctoritas* de son tuteur ne lui est pas nécessaire pour accepter une donation. Le droit moderne n'a pas admis ce principe, des considérations morales l'ont décidé à le rejeter.

L'*auctoritas* étant nécessaire dans tous les actes où le gain et la perte se trouvent mêlés, est exigée par conséquent dans les actes qui produisent des effets juridiques doubles et notamment dans les contrats synallagmatiques d'où naissent des obligations réciproques à la charge de chacune des parties, par exemple, le louage, la vente, la société, le mandat, le commodat et autres; ainsi dans la vente, le vendeur est obligé à livrer la chose, l'acquéreur à payer le prix. Si le pupille fait un de ces contrats sans l'*auctoritas tutoris*, les interprètes nous disent que le contrat *claudicat*, est boiteux. Il s'ensuit que la personne qui a ainsi traité avec le pupille doit tenir la convention toutes les fois que c'est l'intérêt de l'impubère, mais, *vice versâ*, que le pupille n'est point obligé envers elle et qu'il peut impunément rompre le contrat (L. 13 § 29, *de Act. empt.* Dig. et princip. Inst. h. t.). Si le pupille demande à la partie adverse d'exécuter son obligation, il doit, lui aussi, remplir son engagement. Prenons comme exemple une vente : Le pupille a acheté une chose et il s'est passé de l'*auctoritas* de son tuteur; il est valablement créancier et il ne devient pas débiteur (Princip. tit. 21, liv. 1, Inst.). Il semble, avec le principe posé, qu'il pourra garder la chose sans payer le prix, mais ce serait une injustice, car c'est une règle que personne ne doit s'enrichir sans cause aux dépens d'autrui. La position est plus avantageuse pour lui, en ce sens qu'il pourra maintenir la vente pour le tout ou la rejeter pour le tout, il aura le choix d'abandonner le contrat ou de l'accepter, mais il ne pourra prendre cette détermination qu'avec l'*auctoritas tutoris* (L. 7 § 1, liv. 18, tit. 5, Dig.).

Même solution si le pupille est vendeur : a-t-il livré l'objet? il pourra se le faire rendre, mais il devra restituer le prix. Que s'il a consommé l'argent sans profit, comme il ne s'est pas enrichi, c'est l'acheteur qui subira la perte, il ne pourra opposer aucune exception ; il n'aurait pas dû contracter avec un pupille non autorisé et subit la peine de son imprudence.

« Dans les hypothèses dont nous venons de parler,
» il n'y a qu'une nullité relative, en quelque sorte.
» Mais les Romains ne connaissaient pas le système
» des nullités relatives ; ils déduisent du défaut d'au-
» torisation dans les cas où elle est nécessaire une
» nullité radicale ; c'est par accident que nous arrivons
» à quelque chose qui ressemble à la nullité relative
» dans les contrats qui ont des effets juridiques doubles.
» Mais quand l'*auctoritas* du tuteur intervient ensuite,
» le contrat est ratifié et sera valable comme s'il l'avait
» toujours été dès le principe. Cette ratification ne
» s'applique qu'aux contrats qui ont des effets juridi-
» ques doubles. » (M. Labbé, à son cours.)

Nous avons vu que le pupille ne peut pas aliéner *sine auctoritate tutoris* parce qu'il rendrait ainsi sa condition pire, mais plaçons-nous dans l'hypothèse où un débiteur du pupille aurait eu l'imprudence de le rembourser sans faire intervenir le tuteur. La translation de propriété de la chose due est tout à fait valable au profit de l'impubère, mais elle n'a pas entraîné la libération du débiteur, par conséquent le pupille est devenu propriétaire sans que sa créance soit éteinte, et s'il a consommé la chose sans en retirer aucun avantage, le débiteur sera tenu de payer une seconde fois. C'est seulement au cas où le débiteur pourrait prouver que le payement a tourné au profit de l'impubère qu'il lui sera permis d'opposer à la demande de ce dernier une exception de dol, car personne ne doit s'enrichir aux dépens d'autrui (§ 2, liv. 2, tit. 8, Inst.).

Renversons l'hypothèse et demandons-nous quel serait l'effet du payement opéré par le pupille débiteur entre les mains de son créancier sans l'*auctoritas* du tuteur? La dette n'est pas éteinte et le pupille peut revendiquer la chose payée si elle se trouve encore en la possession du créancier. Mais le plus souvent, le créancier pourra repousser la prétention du pupille par une exception de dol. Cependant, si ce dernier avait intérêt à ne pas donner en payement la chose qu'il a livrée, par exemple, il s'agissait d'une dette de genre et il a remis une chose de la meilleure qualité alors qu'il n'était tenu que de fournir pour se libérer une chose de qualité ordinaire; en pareil cas, la revendication sera admise, à supposer que le créancier n'ait pas de bonne foi consommé la chose.

Prenons un autre exemple, le *mutuum* ou prêt de consommation. C'est un contrat par lequel une personne transfère à une autre la propriété de choses d'un certain genre que l'*accipiens* peut consommer à charge par lui de rendre des choses pareilles. Qu'arrivera-t-il d'abord si le pupille a, *sine tutoris auctoritate*, emprunté à titre de *mutuum*? Appliquons notre principe: le pupille, puisqu'il peut rendre sa condition meilleure, est devenu propriétaire de la chose; mais, d'un autre côté, il lui est défendu sans l'*auctoritas* de rendre sa condition pire, par conséquent, il n'a pas pu se constituer débiteur et s'il a dépensé la chose sans profit, il ne devra pas la rendre; si au contraire il en a fait un bon emploi, comme il est défendu de s'enrichir sans cause aux dépens d'autrui, il se trouvera tenu *quatenus locupletior factus est.*

Supposons maintenant que c'est le pupille qui a prêté la chose : les Institutes (liv. 2, tit. 8 § 2) nous disent qu'en pareil cas le pupille « *non contrahit obligationem* », c'est-à-dire qu'il ne fait pas naître entre l'emprunteur et lui un rapport d'obligation; en d'autres termes, il ne devient pas créancier, il reste propriétaire nonobstant la remise de la chose; il aura, par conséquent, l'action en revendication. Mais pour que cette action soit possible, il faut que la chose livrée soit reconnaissable entre les mains de l'emprunteur ou du tiers détenteur, s'il y a eu consommation, le prêteur n'a plus qu'une action personnelle et seulement contre l'emprunteur. Quelle sera la nature de cette action? Elle différera selon que l'*accipiens* aura été de bonne ou de mauvaise foi. Au premier cas, ce sera une *condictio sine causâ* qui obligera l'emprunteur à rendre la valeur de ce qu'il a reçu, et non la *condictio ex mutuo;* il en résultera cette différence, qu'en supposant que le pupille ait accordé un terme à l'emprunteur, celui-ci ne pourrait pas s'en prévaloir. Dans le second cas, l'impubère aura l'action *ad exhibendum,* en vertu de laquelle le juge lui permettra, sous son serment, de fixer non-seulement l'estimation de la chose, mais encore d'évaluer le dommage qui a pu résulter pour lui de la consommation de cette chose par l'emprunteur de mauvaise foi (Inst. § 2, tit. 8, liv. 2 ; Gaius, Comm. 2 § 82).

Le pupille, avons-nous dit, ne peut s'obliger seul, cette règle souffre des exceptions. Il est obligé *sine auctoritate tutoris* par suite de son délit, il suffit pour cela qu'il soit *doli capax* et *proximus pubertatis ;* c'est du reste le seul intérêt qu'il y a de savoir quand le pupille est *proximus pubertatis.* L'impubère s'oblige ainsi, malgré son incapacité, dans tous les cas où l'obligation naît d'un fait indépendant de sa volonté et généralement dans tous les cas où il se trouve enrichi sans cause aux dépens d'autrui.

Il y a des actes qui à raison de leur importance exigent toujours l'*auctoritas tutoris.* Telle est l'*aditio hereditatis* (L. 9 § 3, liv. 26, tit. 8, D.). Faire adition c'est accepter de continuer la personne du défunt et d'être investi des droits aussi bien que tenu des obligations de celui-ci. Le motif, d'après certains interprètes, c'est que le pupille ne peut pas s'obliger seul ; forcément, disent-ils, l'acte d'adition obligera le pupille, quand même la succession serait bonne ; il y aura, en effet, toujours quelque chose à payer, ne serait-ce que les frais funéraires. D'un autre côté, la découverte de dettes postérieurement à l'acceptation pourrait constituer le pupille en perte. En outre, il peut y avoir à craindre pour l'impubère des vexations, des complications dans les affaires de la succession, des haines dangereuses, etc... le tuteur seul est capable de peser toutes ces considérations.

Suivant d'autres auteurs, le vrai motif de la nécessité de l'*auctoritas* se trouve uniquement dans l'importance de l'*aditio hereditatis* qui est un acte à part et d'une gravité exceptionnelle.

Nous ne parlons, bien entendu, que des pupilles héritiers externes, car quant aux héritiers siens, ils n'ont pas besoin de faire adition, puisqu'ils sont héritiers *etiam ignorantes*.

Tout ce que nous venons de dire doit s'appliquer, et pour les mêmes raisons, à la succession prétorienne appelée *bonorum possessio* et à l'hérédité fidéicommissaire; le pupille qui accepte un fidéicommis d'hérédité est tenu comme s'il avait fait adition.

L'*auctoritas* est également toujours nécessaire lorsqu'il s'agit de répudier une hérédité, une *bonorum possessio* ou un fidéicommis d'hérédité.

Si le tuteur avait agi contrairement aux intérêts du pupille, avec mauvaise intention, en interposant son *auctoritas* soit pour accepter soit pour répudier, il serait tenu de l'action de tutelle (loi 11 h. t. Dig.).

Lorsque le pupille a un procès à soutenir soit comme demandeur soit comme défendeur, il lui faut également l'*auctoritas tutoris* (L. 1 § 2, liv. 26, tit. 7, Dig.). Cette nécessité lui est imposée même pour un procès criminel, ainsi le décide Justinien (L. 4, liv. 59, tit. 5, Cod.).

Qu'arrivera-t-il lorsque l'impubère se sera passé de l'*auctoritas tutoris* dans les cas où elle est requise ? Il n'est pas obligé civilement, nous savons cependant qu'on pouvait le poursuivre *quatenus locupletior factus fuisset*, un rescrit d'Antonin le Pieux avait formellement consacré ce principe d'équité (L. 5, princ. liv. 26, tit. 8, Dig.). Mais, même en l'absence de tout enrichissement, n'est-il pas tenu au moins d'une obligation naturelle ?

Les plus grands jurisconsultes soutenaient l'affirmative (L. 1 § 1, liv. 46, tit. 1 ; L. 21, princip. liv. 35, tit. 2 ; L. 44, liv. 46, tit. 3 ; L. 25 § 1, liv. 36, tit. 2 au Digest.).

Nous n'hésitons pas à nous ranger au nombre des partisans de leur doctrine, surtout en présence de textes aussi probants que les lois 95 § 4, *de Solutionibus;* 35, *de Receptis qui arbit.;* 127, *de Verb. obligationibus* qui décident qu'un fidéjusseur peut intervenir valablement pour le pupille qui s'est obligé sans l'*auctoritas* de son tuteur ; et que la loi 1 § 1 in fine, *de Novationibus* au Digeste et le § 3 *Quibus modis oblig. tollitur* aux Institutes qui permettent de nover l'obligation résultant de la promesse faite par un pupille sans l'intervention du tuteur.

Nous devons cependant faire remarquer que deux jurisconsultes, Neratius et Rufinius soutenaient une opinion contraire et invoquaient également des textes à l'appui de leur système.

Les Institutes et la loi 1 (h. t. Dig.) formulent une règle très-sage qui a passé dans notre Code : *Tutor non potest esse auctor in rem suam*, c'est-à-dire que le tuteur ne peut assister le pupille pour une affaire dans laquelle il a lui-même un intérêt, de même qu'un magistrat ne pourrait être juge dans sa propre cause ; il serait, en effet choquant, de voir, par exemple, le tuteur figurer comme demandeur et comme défendeur dans le même procès. De ce principe, il résulte que le pupille assisté de son tuteur ne pourrait pas vendre un de ses biens à celui-ci, même par personnes interposées, ni passer ainsi tout autre contrat. On devrait néanmoins excepter le cas où le tuteur aurait acheté du père du pupille quelque chose, alors il lui serait permis de donner son *auctoritas* à l'impubère pour qu'il lui fasse tradition.

Une autre exception à notre règle se présente encore dans l'hypothèse où le pupille deviendrait l'héritier du débiteur du tuteur; celui-ci pourrait lui donner son *auctoritas* pour faire adition, bien que par là il se trouverait créancier de son pupille. Le motif de cette dérogation, c'est qu'ici le principal but de l'*auctoritas* est de rendre le pupille héritier, il est vrai qu'il devient ainsi débiteur de son tuteur, mais ce n'est que par voie de conséquence que ce résultat se produit.

L'*auctoritas* donnée par le tuteur à l'impubère de plaider contre lui ne serait pas valable. Alors que faire lorsque le pupille avait un procès contre son tuteur? Si le pupille a plusieurs tuteurs, l'un d'eux pourra *suam auctoritatem accommodare.* Que s'il n'y avait qu'un seul tuteur, le magistrat nommait un curateur; dans l'ancien droit le préteur désignait un tuteur. Le *prætorius tutor* disparut lorsque disparut la procédure formulaire. C'était une exception à la règle : *Tutorem habenti tutor dari non potest* et à cet autre principe qui défendait de donner un tuteur *certæ rei vel causæ.*

Le tuteur pouvait-il être contraint à interposer son *auctoritas?* Non, son intervention était volontaire

(L. 17, h. t. Dig.); car de deux choses l'une : ou bien, il croyait l'acte désavantageux et contraire aux intérêts de son pupille, alors c'eût été une injustice de le contraindre à y prêter la main; ou bien c'était par une obstination ridicule qu'il se refusait à l'assister, alors le tuteur étant responsable de sa gestion et tenu de l'action de tutelle, les intérêts du pupille se trouvaient toujours sauvegardés. Bien plus, il a paru juste aux Romains d'écarter comme suspect le tuteur qui méchamment ou par négligence n'avait pas donné son *auctoritas* au pupille pour faire adition d'une hérédité qui était avantageuse (L. 3, *de Suspect. tut.*).

Un pupille agissant avec l'*auctoritas tutoris*, en principe, est aussi capable qu'un pubère, mais s'il a un mauvais tuteur qui ait donné son *auctoritas* pour un acte préjudiciable, le préteur lui accorde le secours de *restitutio in integrum*.

II. NEGOTIORUM GESTIO.

Lorsque le pupille est *infans* ou lorsqu'il est *absens*, pour ses études, par exemple, il ne peut être question de l'*auctoritas*, le tuteur n'a qu'un seul rôle, celui d'administrateur, *negotia gerit*. Il agit alors comme agirait un mandataire. Nous avons signalé au commencement de cette étude le principe du droit romain qui ne permettait pas d'agir au nom d'autrui. Le législateur de Rome n'avait pas découvert cette subtilité du droit moderne qui fait que le mandataire est censé parler et agir pour son mandant directement ; chez les Romains, le mandataire agit toujours en son nom, même quand c'est pour le compte d'autrui. On faisait l'application de cette règle au tuteur qui représentait le pupille : par rapport aux tiers, il est obligé comme pour lui ; par rapport au pupille, il aura son compte à régler (L. 9, princip. liv. 26, tit. 7, Dig.) : *Oportet tutorem suo nomine stipulare*. Le tuteur veut-il donner à bail un bien de l'impubère, il dira au preneur : Promettez-vous de me payer tant par an. Le preneur répondra : Je le promets, et se trouvera ainsi obligé envers le tuteur. Le pupille, au contraire, est-il locataire, le tuteur dira au bailleur : Je vous promets de vous donner tant par an ; il promettra en son propre nom et deviendra débiteur personnellement.

Nous avons montré le danger d'un pareil système ; si le tuteur n'était pas un honnête homme, rien ne lui devenait plus facile que de tromper le pupille, et, à l'inverse, comme le tuteur ne pouvait exercer son recours contre le pupille qu'à l'expiration de la tutelle, il était exposé à se trouver ruiné.

Le droit civil fournissait bien un moyen d'éviter en partie cet inconvénient. L'esclave peut stipuler pour son maître et lui faire acquérir un droit soit de propriété soit de créance (L. 133, liv. 50, tit. 17, Dig.). Alors le tuteur donnait ordre à l'esclave de l'*infans* de stipuler pour le pupille et le droit était acquis directement à ce dernier. Mais ce procédé ne pouvait pas toujours être employé, l'impubère n'avait quelquefois pas d'esclave ; d'un autre côté l'esclave ne faisait qu'acquérir pour son maître, il ne pouvait pas le constituer débiteur et quand il s'agissait d'obliger le pupille, le tuteur seul avait qualité à cet effet, il s'obligeait personnellement et, à la puberté, se faisait rembourser par le pupille.

Tel était le droit civil rigoureux. Ces principes étaient étroits et même nuisibles, les préteurs voulurent les corriger et, sous l'influence des jurisconsultes, ils en vinrent sinon à les renverser, du moins à en atténuer considérablement la portée. « Reconnaissant qu'il était juste qu'un acte fait pour le compte d'autrui produisit ses effets dans la personne de celui pour qui il avait été fait, le droit prétorien admit que quand l'acte aurait été fait par le tuteur pour le compte du pupille, les actions seraient par le préteur, *utilitatis causâ*, données contre le pupille s'il s'agit d'une dette, au pupille s'il s'agit d'une créance. Et le préteur paralysait au moyen d'une exception les actions données contre le tuteur et au tuteur. » (M. Labbé, à son cours.)

Ces actions utiles, tant en faveur du pupille que contre lui, étaient accordées de plein droit et sans qu'il fût besoin d'une cession formelle, à condition, toutefois, que le tuteur *gerens* n'eût pas dépassé les limites de ses attributions.

Il y a en droit romain certains actes qui ne peuvent être accomplis que par la personne intéressée elle-même, et comme le mandataire n'est pas l'organe du mandant, il s'ensuit que ces actes ne peuvent être faits par représentant, il faut une qualité préétablie qui ne se trouve pas dans le mandataire. De tels actes sont donc impossibles au tuteur : nous citerons l'action de la loi, la *mancipatio*, la *manumissio vindictâ*, l'*in jure cessio*, l'*acceptilatio* et l'*aditio hereditatis*. Mais, d'un autre côté, le pupille *infans* était incapable d'avoir une volonté, comment sortir de la difficulté ? Les Romains, cependant, au moins pour l'acte d'adition d'hérédité cherchèrent à se soustraire aux inconvénients résultant de l'application rigoureuse des principes. L'intérêt des impubères les avait déjà décidés à faire brèche à ces principes en ce qui concerne la possession. En droit strict, le pupille *infans* n'aurait pas dû pouvoir acquérir par la possession, puisque l'un des éléments essentiels à ce mode d'acquisition, l'*animus*, ne se rencontre pas chez lui et que d'autre part l'*auctoritas tutoris* ne s'applique pas aux *infantes*. Cependant, Paul nous dit que, *utilitatis causâ*, on a admis l'*infans* à posséder s'il a commencé à le faire *tutore auctore* (L. 32 § 2, *de Adquirendâ vel amittendâ possessione*, Dig.).

Voilà donc une première dérogation. L'empereur Dèce (an 251) alla encore plus loin que les jurisconsultes et déclara que l'*auctoritas* n'était pas nécessaire à l'*infans* et qu'il lui serait permis de posséder *corpore tantum* (L. 3, liv. 7, tit. 32, Cod.) Eh bien ! ce que les Romains avaient fait pour la possession, ils le firent pour l'adition d'hérédité. On peut accepter une succession de plusieurs façons et notamment en faisant acte d'héritier, *pro herede gerendo*. Il faudrait, il est vrai, l'intention, mais ici l'*auctoritas tutoris* y suppléera et le pupille à qui on aura fait faire un acte matériel de gestion, par exemple, à qui on aura passé au doigt l'anneau du défunt, se trouvera investi de l'hérédité. Il y avait double dérogation aux principes : d'abord l'*auctoritas* ne s'applique pas aux *infantes*, ensuite on admettait que le pupille *infans* pourrait faire adition; l'*auctoritas tutoris* ne venait pas corroborer une volonté débile, mais suppléer à une volonté absente (L. 65 § 3, liv. 36, tit. 1, Dig.). Enfin, en 426, les empereurs Théodose et Valentinien renversèrent le principe de l'ancien droit en ce qui concerne l'adition d'hérédité et décidèrent que le tuteur d'un impubère peut « *ejus nomine adire hereditatem et eo modo eidem infanti hereditatem quærere* ». (L. 18 § 2, liv. 6, tit. 30, Cod). Désormais, le tuteur d'un impubère *infans* va donc pouvoir faire adition en parlant pour son pupille. Le principe moderne se trouve ainsi établi dès le Bas-Empire même avant Justinien.

Pour l'*acceptilatio* qui est un mode solennel de remise de dette, on avait trouvé dans la novation un moyen détourné de permettre au tuteur de faire ou de recevoir une *acceptilatio* pour le compte de son pupille *infans* ou *absens*. Le procédé se trouve indiqué dans la loi 13 § 10, liv. 46, tit. 4 au Digeste : « *Tutor, curator furiosi acceptum ferre non potuit; nec procurator potest ferre acceptum, sed hi omnes debent novare: possunt enim et sic accepto facere. Ne his quidem accepto fieri potest : sed novatione factâ, poterunt liberari per acceptilationem.* » Mais remarquons que l'*acceptilatio* ainsi faite ne sera valable qu'autant qu'elle aura pour but l'utilité du pupille, si elle déguisait une libéralité on devrait l'annuler par application de la loi 22, liv. 26, tit. 7, Dig.

Les Institutes nous disent que les lois Atilia, Julia et Titia n'avaient pas pris de mesures pour contraindre les tuteurs à administrer les biens de leurs pupilles (liv. 1 § 3, tit. 20). Cela se comprend à l'origine, puisque le tuteur en faisant un contrat pour le compte de l'impubère s'obligeait personnellement lui-même; il eut été trop dur de le forcer ainsi à s'engager. Plus tard, sous l'Empire, l'obligation de gérer fut imposée aux tuteurs, mais les inconvénients qui auraient pu en résulter pour eux se trouvèrent considérablement atténués par l'introduction du principe du droit prétorien qui transportait sur la personne du pupille les effets de l'acte passé pour son compte par le tuteur.

Occupons-nous maintenant de la gestion du tuteur. *Negotia gerere*, c'est administrer, c'est conserver et faire prospérer la fortune du pupille, percevoir les revenus des biens, et sur ces revenus pourvoir aux dépenses en plaçant l'excédant s'il y a lieu.

Voici quelques-uns des actes que le tuteur était chargé de faire, en sa qualité de *gestor* et qu'il pouvait faire seul.

1° D'après le droit des Pandectes, il devait vendre toutes les choses mobilières du pupille et même les *prædia urbana*, c'est-à-dire non-seulement les maisons d'habitation qui sont dans les villes, mais encore les villas, les maisons de plaisance dans les campagnes « *quia urbanum prædium non locus facit sed materia.* » (L. 198, *de Verb. sign.*). Cependant le tuteur pouvait conserver certaines choses qui étaient utiles au pupille, garder quelques esclaves nécessaires, selon la condition et la fortune du pupille. Le législateur tenait tellement à ce que les meubles du pupille fussent vendus, que le tuteur n'était pas obligé de se conformer à la volonté du père s'il en avait ordonné autrement (L. 5 § 9, h. t. Dig.).

Cette règle que nous trouvons au Digeste a été modifiée avec le temps, et Constantin, comme nous le verrons plus loin, a défendu de vendre sans un décret du magistrat les biens du pupille, excepté les objets *quæ usu pereunt* qui se détériorent par le seul laps de temps et les animaux inutiles *anima supervacua* (L. 22, Cod. liv. 5, tit. 37). Le tuteur qui mettait de la négligence dans la vente de ces choses qui se détériorent par l'usage était responsable, « et, nous disent les textes, *non facile ignoscetur, debuit enim suis partibus fungi.* » (L. 7 § 1, Dig. et L. 3, *de Pericul. tut.* Cod.).

2° Si en entrant en charge, le tuteur trouve de l'argent comptant, ou si, durant la tutelle, les débiteurs remboursent des créances appartenant au pupille, ou s'il touche le prix d'une vente qu'il a faite pour le pupille, le tuteur pourra recevoir seul cet argent qu'il devra déposer en lieu sûr, dans un temple, afin que quand il y aura une somme d'une certaine importance, elle puisse être placée à intérêts ou servir à acheter un immeuble au pupille (L. 5, princ. liv. 26, tit. 7, D.). Le tuteur doit percevoir les revenus, en consacrer une partie à l'entretien et à l'éducation du pupille et placer le surplus.

Il a six mois à partir de son entrée en fonctions pour

placer l'argent du pupille, si au bout de ce temps, il laisse les sommes improductives, il en doit les intérêts (L. 7 § 3, h. t. Dig.). Remarquons, que jusqu'au placement, les deniers ne restent pas entre les mains du tuteur, ils sont déposés en lieu sûr, c'est une garantie qui n'existe pas dans notre droit moderne.

Si le tuteur n'a pas pu placer l'argent du pupille parce qu'il ne trouvait pas d'emprunteur ou pas d'immeubles à acheter, la perte est pour le pupille. Mais si le tuteur qui prétendait n'avoir pas trouvé de placement convenable avait cependant bien placé son propre argent il devenait débiteur des intérêts (L. 13 § 1, h. t. Dig.).

Nous avons dit que le tuteur avait un délai de six mois pour placer les sommes dues au pupille, c'est la solution de Paul (L. 15, h. t. Dig.). D'un autre côté, Ulpien ne lui accorde que deux mois (L. 7 § 11, eod.); ces deux décisions sont-elles contradictoires? Non, Paul nous parle d'un tuteur qui n'est pas encore habitué à la tutelle, qui commence seulement ses fonctions; il est juste de lui accorder six mois. Ulpien, au contraire, se place dans l'hypothèse d'un tuteur qui est au fait de la gestion, qui connaît le patrimoine du pupille; deux mois lui suffisent pour placer l'argent qu'il reçoit.

Que décider si le tuteur a employé à son profit les deniers du pupille? En ce cas, il doit les intérêts sur-le-champ et sans qu'on lui accorde de délais (L. 7 § 3 et § 11, h. t. Dig.); et même on exige de lui l'intérêt pénal, c'est-à-dire le plus élevé, douze pour cent (L. 1, liv. 5, tit. 56, Cod.; L. 7 § 4, liv. 26, tit. 7, Dig.).

Tel était le droit du Digeste et du Code en ce qui concernait le placement de l'argent du pupille. Mais dans le dernier état de la législation de Justinien, les tuteurs ne furent plus obligés de placer à intérêts l'argent de leurs pupilles ou d'acheter des immeubles, il leur suffisait d'en faire le dépôt en lieu sûr. A moins que toute la fortune du pupille ne consistât en numéraire, auquel cas il fallait en placer une partie à intérêts afin de pourvoir aux frais d'entretien et d'éducation (Novelle 72, chap. 6 et 7). Que si le tuteur qui était libre de déposer l'argent en avait néanmoins fait le placement, c'était à ses risques et périls.

3° Le tuteur doit payer à leur échéance les dettes du pupille; si celui-ci possède un immeuble soumis à des charges annuelles, le tuteur est tenu de les acquitter et il est certain que tout le dommage causé à l'impubère par suite de la négligence de son tuteur à payer devrait être réparé avec l'argent du tuteur (L. 23, h. t. Cod.).

Le tuteur était créancier du père du pupille, pourra-t-il se payer à lui-même? Oui, certainement, et s'il ne le fait pas, il cesse d'avoir droit à l'intérêt de son argent pour l'avenir (L. 9 § 5, h. t. Dig.; L. 3 § 5, liv. 27, tit. 4, Dig.).

Cette règle souffrirait exception au cas où les deniers du pupille ayant été mis en dépôt pour acheter un immeuble, le magistrat ne voulait pas accorder au tuteur un décret lui permettant de se rembourser (L. 3 § 6, liv. 27, tit. 4, Dig.).

Si une donation avec charges avait été faite au pupille le tuteur devait accomplir les charges et, si par sa faute, la donation tombait, il était responsable (L. 21, Cod. h. t.).

4° Le tuteur doit veiller à ce que les débiteurs du pupille payent leurs dettes et s'il est lui-même débiteur *a semet ipso exigere debet* (L. 9 § 4, h. t. Dig.). Depuis Justinien, le tuteur ne peut toucher seul que les revenus de trois ans au plus et dont le montant n'excède pas cent solides (§ 2, Inst. liv. 2, tit. 8).

Les débiteurs du pupille mis par le tuteur en demeure de payer le pupille, ne payent pas et la créance était garantie par un gage. Le tuteur peut-il sans avoir besoin d'un décret du magistrat procéder à la vente du gage? Oui, il lui suffira d'observer les formes ordinaires de la vente, car la chose qui a été remise en gage doit être considérée comme n'appartenant pas au pupille, mais à autrui (L. 18, Cod. h. t.; L. 5 § 3, liv. 27, tit. 9, Dig.).

Le tuteur est responsable de l'insolvabilité des débiteurs du pupille survenue par suite de sa négligence à les faire payer en temps opportun (L. 15, liv. 26, tit. 7, Dig.) et il peut être poursuivi en son propre nom. On devrait cependant excepter le cas où le tuteur n'aurait pas retiré l'argent du pupille parce que cet argent se trouvait placé entre les mains d'une personne qui, aux yeux de tout le monde, passait pour riche et solvable, par exemple un *argentarius* très-renommé et qui tout à coup a fait de mauvaises affaires (L. 50, h. t. Digeste).

Le tuteur s'est adressé à un débiteur du pupille pour obtenir le remboursement d'une créance échue, celui-ci n'ayant pas d'argent a demandé un terme, le tuteur peut-il le lui accorder ? Non.

5° Il rentre dans la gestion du tuteur de plaider pour le pupille, et depuis l'introduction du système formulaire, il peut le représenter valablement, soit comme demandeur, soit comme défendeur, sans même avoir besoin de fournir la caution *rem ratam pupillum habiturum*. Et la raison nous en est donnée par Ulpien : *quia rem in judicium deducit*, c'est-à-dire, parce qu'en plaidant, le tuteur épuise le droit d'action de son pupille (L. 1 § 2 et L. 23 h. t. Digest.). Si le pupille n'était plus *infans*, la représentation en justice par son tuteur avait moins d'intérêt, car il pouvait figurer en personne et se faire assister du tuteur, mais durant l'*infantia* il était de la plus grande utilité d'admettre cette représentation.

Pour s'éviter les ennuis d'un procès, le tuteur aurait pu être tenté de ne pas soutenir les droits de son pupille, le législateur avait prévu ce danger et il édictait une peine très-sévère contre le tuteur qui ne prenait pas la défense du pupille ; il pouvait être destitué comme suspect avec une note d'infamie et condamné à réparer le préjudice éprouvé par l'impubère (L. 28, Cod. princip. liv. 5, tit. 37). La cause du pupille était bonne, le tuteur l'a bien défendue, mais il a été condamné ; la loi l'oblige à en appeler de la sentence du premier juge, si mieux il n'aime payer une indemnité à son pupille. (L. 11, h. t. Cod.).

Il ne faudrait pas croire cependant que le tuteur soit obligé d'intenter ou de soutenir un mauvais procès pour le compte de son pupille, mais il doit reconnaître la bonne foi sans attendre d'y être contraint par le juge, autrement tous les frais d'un procès injuste ou téméraire seraient mis à sa charge (L. 9 § 6, h. t. Digest.).

Quand le tuteur perd le procès, l'exécution de la sentence portée contre lui comme représentant son pupille en justice, sera dirigée sur les biens du pupille en intentant l'action utile *judicati* contre ce dernier.

6° Le tuteur doit pourvoir aux frais d'entretien et d'éducation du pupille et lui *præstare alimenta* en se conformant aux instructions laissées par le père et selon l'âge, le rang et la condition du pupille. Si le père n'avait rien dit, le tuteur agissait sagement en demandant un décret du magistrat qui fixait la dépense. Lorsque le tuteur se cachait pour ne pas fournir l'argent nécessaire à l'entretien du pupille, celui-ci était envoyé en possession de ses biens, et si le tuteur persévérait dans son obstination, il était destitué comme suspect (Inst § 9, *de Suspect. tut.*).

7° Si le père du pupille exerçait un commerce et qu'il fût avantageux à l'impubère de le continuer, le tuteur pouvait le faire pour le compte et aux risques et périls du pupille ; mais, pour cela, il fallait que le père en eût expressément manifesté la volonté dans son testament. Aussi, le tuteur n'aurait-il pas pu, dans l'espérance d'enrichir le pupille, entreprendre un commerce pour ce dernier (L. 58, princ. liv. 26, tit. 7 Digest.).

8° Enfin, le tuteur en sa qualité de *gestor*, devait faire tout ce qui était nécessaire pour conserver et augmenter la fortune du pupille, réparer les maisons, entretenir les terres, les donner à bail ; il pouvait faire une novation (L. 22, h. t.), déférer le serment aux adversaires de son pupille (L. 17 § 2, liv. 12, tit. 2, Dig.); en un mot, son devoir était de tenir les intérêts de l'impubère comme les siens propres.

Pour engager les tiers à traiter avec le tuteur, il était nécessaire de déclarer valables les actes accomplis par celui-ci dans la limite de ses pouvoirs. Des rescrits de Trajan et d'Hadrien le décidèrent formellement, en sorte que, même d'après le droit civil, le pupille ne pouvait pas revenir sur les contrats passés de bonne foi par son tuteur, et il importait peu que celui-ci fût ou ne fût pas solvable (L. 12 § 1, h. t. Dig.). Mais il fallait que le tuteur ait agi de bonne foi, et, de plus, la *restitutio in integrum* était toujours réservée.

On peut donc résumer les pouvoirs du tuteur dans ce texte du jurisconsulte Paul : « *Tutor qui tutelam gerit, quantum ad providentiam pupillarem domini loco haberi debet* » (L. 27, h. t. Digest.), en ajoutant, toutefois, cette restriction qui nous est indiquée par un autre texte : « *quum tutelam administrat non quum pupillum spoliat.* »

Si le tuteur avait commis un dol, le pupille pouvait-il être recherché ? Oui, une action était donnée contre le pupille jusqu'à concurrence de l'enrichissement qui en était résulté pour lui (L. 15, liv. 4, tit. 3 ; L. 4 § 23, liv. 44, tit. 4, Digest.).

Mais le pupille pouvait toujours éviter la poursuite, s'il cédait au demandeur les actions qu'il avait contre son tuteur pour obtenir une indemnité (L. 61, h. t. Dig.) De sorte que, comme nous le dit Javolenus : « Neque in interdictis, neque in cæteris causis, pupillo nocere oportere dolum tutoris sive solvendo est, sive non est » (L. 198, *de Regulis juris*).

De même que le tuteur ne peut être *auctor in rem suam*, de même il ne peut se servir de sa qualité de *gestor* pour ses intérêts, en prenant le rôle de contractant avec le pupille. Ainsi, il ne peut se prêter à lui-même les deniers de l'impubère (L. 7 § 11 et 12, h. t. Dig.). Il lui est également défendu de se vendre à lui-même les biens du pupille (L. 5 § 2, liv. 26, tit. 8, Digest.). Cette règle, cependant, souffre exception si la vente se fait *palam et bonâ fide*, en présence du magistrat ou des parents de l'impubère (L. 5, liv. 4, tit. 38, Cod.). Du reste, la prohibition ne s'appliquerait pas si le tuteur achetait d'un autre tuteur du pupille. Notre Code, dans l'article 450, prohibe complétement l'achat pour le tuteur d'un bien du mineur ; on voit qu'en droit romain cette défense n'était pas aussi rigoureuse.

Nous avons vu que le tuteur pouvait être créancier ou débiteur de son pupille. Cette situation était pleine de dangers pour les impubères, car il devenait facile au tuteur de faire disparaître les titres, soit les quittances établissant la libération du pupille, soit les créances constatant la dette du tuteur ; sans doute l'inventaire devait en faire mention, mais ces titres auraient pu ne pas être inventoriés et alors les droits du pupille étaient perdus. Justinien dans la Novelle 72 prit des mesures très-énergiques destinées à protéger les mineurs contre ce danger et nous croyons utile d'analyser les principaux chefs de la constitution de ce prince. Il paraît que le motif qui lui fit porter son attention sur ce point, c'est qu'il apprit, comme il nous le dit dans la préface de la Novelle, que beaucoup de tuteurs ou curateurs se faisaient céder les droits et les actions que des tiers avaient contre leurs pupilles.

Dans le chapitre premier, Justinien décide que si le tuteur est créancier ou débiteur de l'impubère, il ne doit pas être admis à la tutelle. Mais si au cours de la tutelle, le pupille devient le débiteur du tuteur par une cause indépendante de la volonté de celui-ci, par exemple parce que le tuteur a hérité d'un créancier du pupille, alors on lui adjoindra immédiatement un autre tuteur; c'est l'objet du chapitre second.

Que si le tuteur, lors de sa nomination était créancier de l'impubère et qu'il ne l'ait pas déclaré, sa créance sera éteinte; s'il était débiteur le payement ne pourra être effectué durant la tutelle, il ne peut se libérer; c'est l'objet du chapitre quatrième.

Si pendant la tutelle, le tuteur est devenu cessionnaire d'un droit ou d'une créance contre le pupille, la cession est nulle en ce sens que la créance est éteinte et le pupille libéré; c'est l'objet du chapitre cinquième. Et il n'y a pas à distinguer si c'est par donation ou par vente que le tuteur est devenu créancier; dans tous les cas l'impubère en profite. Notre Code n'a pas reproduit cette sanction rigoureuse.

Nous avons maintenant à nous demander dans quelles

limites le tuteur exerce ses fonctions; peut-il faire comme mandataire toute espèce d'actes et peut-il donner à l'impubère son *auctoritas* pour faire toute espèce d'actes? Non, il résulte des textes que, dans l'ancien droit, le tuteur pouvait faire ou autoriser le pupille à faire les actes à titre onéreux et les actes d'administration et que relativement aux actes à titre gratuit, il était sans pouvoirs. Telle était la grande distinction établie par le droit romain. Mais dans la suite, on reconnut que cette limitation des pouvoirs du tuteur n'était point suffisante, et à partir de Septime-Sévère des restrictions y furent apportées, en ce qui concerne les actes à titre onéreux; certains de ces actes sont d'une importance telle qu'on ne permit plus au tuteur de les faire ou d'autoriser le pupille à les faire sans l'intervention du magistrat.

Les actes à titre gratuit restèrent soumis aux principes de l'ancien droit; on ne les permettait pas au tuteur parce que, si étendus que l'on suppose les pouvoirs d'un administrateur, on ne peut y faire rentrer la donation qui cause au pupille une perte, sans lui procurer d'équivalent (L. 22 et L. 46 § 7, liv. 26, tit. 7, Dig. et L. 16, eod. tit. Cod.). D'où la conséquence que le tuteur ne pouvait pas constituer un pécule à l'esclave du pupille ni donner son *auctoritas* à cet effet; qu'il ne pouvait pas, non plus, faire au débiteur du pupille remise gratuite de sa dette; ni affranchir un esclave du pupille excepté dans le cas prévu par la loi Ælia Sentia (L. 9 § 1, liv. 26, tit. 8, Dig.).

On comprend que si absolue qu'elle fût, la défense

de faire une donation devait comporter quelques exceptions : il y a, en effet, certaines libéralités imposées par l'usage et les convenances dont on ne peut se dispenser : celles-là étaient permises au tuteur : comme par exemple, donner des honoraires aux précepteurs, envoyer des cadeaux aux parents et aux amis du pupille à certaines fêtes de l'année, donner ce que nous appelons des étrennes (L. 12 § 3 h. t. Dig.). Il y a plus, le tuteur était obligé de fournir des aliments à certains proches parents du pupille comme à la mère ou à la sœur, mais pour cela, il fallait deux choses : 1° que les ressources du pupille lui permissent de faire ces libéralités ; 2° que les personnes à qui elles étaient faites en eussent réellement besoin. Le tuteur n'aurait donc pas pu envoyer à la mère ou à la sœur du pupille un présent de noces pour le compte de ce dernier, car une donation de ce genre n'était pas nécessaire (L. 1 § 5, liv. 27, tit. 3, Digest.).

Passons aux actes à titre onéreux et nous comprenons dans cette catégorie les actes d'administration. A l'origine, avons-nous dit, le tuteur avait quant à ces actes un plein pouvoir, il pouvait vendre, échanger, hypothéquer, constituer une servitude, etc., pourvu qu'il agît dans l'intérêt du pupille. C'est ce que nous prouvent deux lois du jurisconsulte Scévola qui écrivait avant l'*Oratio* de Sévère la loi 20, liv. 26, tit. 9 et la loi 47 § 1, liv. 4, tit. 4 au Digeste. Voici les restrictions qui furent apportées à la liberté du tuteur par les empereurs et par la jurisprudence.

D'abord, un sénatus-consulte rendu sur la proposition des empereurs Septime-Sévère et Antonin Caracalla, *Oratio Severi et Antonini*, défendit l'aliénation des immeubles ruraux ou suburbains du pupille sans un décret du magistrat compétent (L. 1 § 2, liv. 27, tit. 9, Digest.). Par immeubles ruraux, il faut entendre les fonds cultivés, les domaines consacrés à l'agriculture. Les *Prædia suburbana* sont des domaines de plaisance, des maisons de campagne dans les environs des villes.

Quant aux immeubles urbains, et aux meubles, l'or, l'argent, les vêtements, les pierres précieuses, non-seulement le tuteur pouvait mais même il devait les vendre (L. 22, *de Adm. tut.* Cod.), parce que la conservation en est plus souvent à charge qu'à profit, à raison des détériorations et des chances de perte.

Mais plus tard, Constantin mit sur la même ligne les fonds urbains et les fonds rustiques; la raison qu'il en donne, c'est que souvent nous avons pour ces maisons qui nous viennent de nos ancêtres, où nous sommes nés et où nous avons passé notre enfance, plus d'affection que pour une ferme ou un bâtiment consacré à l'agriculture (L. 22 cod.). Le même empereur alla encore plus loin, et, généralisant la prohibition, il l'étendit à l'aliénation de toutes les choses immobilières et mobilières qui peuvent se conserver sans détérioration, comme des pierres précieuses, de l'or, de l'argent, des habillements précieux (L. 22, liv. 5, tit. 37, Cod.). Dorénavant, le tuteur ne peut plus vendre seul que les choses *quæ servando servari non possunt*, par exemple, les vêtements, les animaux inutiles et les fruits (L. 7 § 1, Dig. *de Adm. et pericul. tut.*). L. 22, Cod. liv. 5, tit. 37.).

Au nombre des biens appartenant au pupille et que le tuteur doit conserver, il faut aussi ranger les choses incorporelles *quæ in jure consistunt*, tel qu'un droit d'emphytéose ou de superficie, ou un droit à la possession de salines, de mines, de sablières, de carrières (L. 3 § 4 et § 6, liv. 27, tit. 9, Digest. L. 13, *de Prædiis et aliis reb.* Cod.). Le tuteur n'aurait pas non plus pu faire remise d'un droit d'usufruit ou de toute autre servitude soit réelle soit personnelle appartenant à l'impubère (L. 3 § 5, liv. 37, tit. 9, Dig.).

Ce n'était pas seulement la vente, mais toute espèce d'aliénation qui était défendue par le sénatus-consulte, l'échange, la *datio in solutum*, la demande en partage, la renonciation à un droit que le pupille avait sur la chose d'autrui, enfin toute constitution d'un *jus in re* et particulièrement d'un droit de gage et d'hypothèque sur la chose du pupille (L. 1 § 2; L. 7 § 1, liv. 27, tit. 9, Digest.).

Que décider si le pupille assisté de son tuteur a acheté un fonds sous cette condition que l'immeuble restera *jure pignoris* entre les mains du vendeur jusqu'au payement du prix? Le gage ne sera pas valable (L. 1 § 4; L. 2, *de Rebus eor.* Digest.). Il y aurait cependant pu avoir des raisons de douter, il semble que le propriétaire en aliénant sa chose était libre d'imposer à l'acquéreur telle condition que bon lui semblait et que puisqu'il s'est réservé un droit de gage en faisant tradition, la chose n'a pu passer à l'acheteur que grevée de ce droit. Paul et Ulpien n'en admettent pas moins la négative, le gage ne sera pas valable sans un décret du magistrat. En effet, tant que la tradition n'a pas eu lieu, le propriétaire n'a pu grever sa chose d'un droit (L. 45, *de Regul. juris*), mais aussitôt la propriété transférée, cette circonstance que la chose appartient au pupille fait qu'elle ne peut être grevée d'un droit de gage sans un décret.

La solution serait-elle la même si le pupille, au lieu d'acheter d'un particulier avait acheté du fisc? Non, car alors, il y aurait non plus un gage conventionnel, mais un gage légal auquel ne peuvent se soustraire ceux qui contractent avec le fisc (L. 2, *de Rebus eor.* Digest.).

Nous trouvons cependant dans *la loi* 3 *principio* de notre titre un cas dans lequel, avec la seule *auctoritas* du tuteur, un gage conventionnel peut être établi sur un fonds acheté par le pupille; il faut supposer pour cela qu'un pupille prête de l'argent à un autre pupille afin d'acheter un immeuble et convient que cet immeuble lui restera à titre de gage pour garantir le prêt (L. 3 princip. *de Rebus eor.* Digest.).

Pour que l'aliénation fût valable, le décret ne pouvait être rendu par le magistrat compétent que *causâ cognitâ;* il fallait rechercher si l'aliénation avait une juste cause.

D'après l'*Oratio* de Septime-Sévère la principale et même l'unique cause permettant au préteur de lever la prohibition d'aliéner les immeubles de l'impubère était la nécessité de payer les dettes (L. 1 § 2 h. t.

Digest.). Et encore, fallait-il que cette nécessité fût bien constatée ; ainsi, le magistrat devait s'assurer s'il n'y avait pas d'autre moyen que la vente pour éteindre la dette du pupille et s'il ne le pouvait pas à l'aide de ses autres ressources. Et comme le tuteur aurait pu lui fournir des renseignements mensongers, il devait prendre l'avis des parents ou des amis ou même des esclaves du pupille qui connaissaient sa fortune. Au besoin, il se faisait remettre une note des biens du pupille et nommait un avocat pour le renseigner. Dans son décret, le magistrat devait dire qu'il n'autorisait l'aliénation que pour permettre à l'impubère de payer ses dettes et il était tenu de s'assurer que les créanciers avaient été désintéressés avec le prix de la vente (L. 5 § 9, *de Rebus eor.* Digest.).

Ici une question importante se présente : Les termes de l'*Oratio* sont-ils restrictifs et la prohibition d'aliéner ne peut-elle être levée par le préteur qu'au seul cas de dettes à éteindre ; ou bien y avait-il d'autres justes causes, par exemple, un avantage évident pour le pupille, qui pussent autoriser le préteur à accorder un décret?

Les interprètes ne sont pas d'accord sur ce sujet. Les uns, notamment Pothier, accordent au magistrat le droit de permettre l'aliénation toutes les fois qu'elle pouvait être utile à l'impubère. On peut à l'appui de cette opinion invoquer la loi 61 § 1, liv. 23, tit. 3 au Digeste d'après laquelle le curateur peut obtenir un décret pour vendre un bien de sa pupille et en remettre le prix au futur mari si celui-ci ne veut consentir à épouser la mineure qu'à cette condition et si elle ne peut se marier autrement.

En outre, on peut dire qu'il est juste d'accorder cette autorisation toutes les fois qu'un bon père de famille n'hésiterait pas à aliéner, par exemple, s'il s'agissait de vendre un fonds improductif pour acheter à un prix avantageux un immeuble d'un bon rapport. Enfin, qu'en refusant ce droit au préteur, on retournerait contre le pupille une protection qui a été établie uniquement en sa faveur.

Ces considérations sont assurément très-graves, cependant nous n'hésitons pas à décider que le magistrat n'a pas le pouvoir, hors le cas de dettes à éteindre, d'autoriser l'aliénation d'un bien du pupille. Nous nous trouvons lié par les termes du sénatus-consulte qui ne signale que le cas de dettes de l'impubère; si ce texte était seul, on pourrait croire que l'empereur n'a cité cette hypothèse-là que comme un exemple, sans avoir l'intention d'exclure les autres. Mais ce qui fait disparaître toute espèce de doute à cet égard, c'est un rescrit des empereurs Dioclétien et Maximien qui forme la loi 12 au Code (liv. 5, tit. 71). Il est impossible d'avoir un texte plus formel : « *Ob æs alienum* TANTUM, *causâ cognitâ, præsidali decreto prædium rusticum minoris provinciale distrahi permittitur.* » Cet adverbe *tantum* ne peut pas exclure plus énergiquement les autres motifs que l'on aurait voulu invoquer devant le magistrat pour obtenir la permission d'aliéner. La loi 5 § 9, liv. 27, tit. 9 au Digeste est conçue dans le même sens et nous montre que la préoccupation constante des empereurs a été de refuser au préteur tout pouvoir d'appréciation en dehors du cas de dettes. Ils ont pensé, avec une sage prévoyance, que permettre au magistrat d'apprécier d'une façon générale serait ouvrir la porte aux abus et à l'arbitraire et exposer le pupille à perdre sa fortune. Telle est si bien leur pensée que nous voyons Antonin le Pieux refuser l'autorisation à des tuteurs qui lui demandaient la permission de vendre un fonds stérile et pierreux qui ne rapportait rien à l'impubère (L. 13, liv. 27, tit. 9, Dig.).

L'argument que l'opinion opposée tire de la loi 61 *de Jure dotium* n'est pas probant, car il vise un cas de curatelle et non pas de tutelle. Sans doute, dans certaines circonstances l'aliénation pourrait être très-utile au pupille, mais le législateur a préféré le priver d'un bénéfice plutôt que de l'exposer à une perte considérable.

Pour que l'aliénation soit valable, il faut donc deux choses, et la juste cause et le décret du magistrat. Celui-ci a pour mission de juger s'il faut mieux vendre l'immeuble du pupille, ou s'il suffit de l'hypothéquer ou de le donner en gage; il pourrait donner au tuteur l'autorisation générale de vendre ou d'hypothéquer l'immeuble, mais en agissant ainsi il remplirait mal son devoir, car c'est à lui et non au tuteur qu'il appartient de déterminer le meilleur mode d'aliénation.

Qu'arriverait-il si le tuteur sortait des termes de l'autorisation du magistrat et, par exemple, vendait quand le décret permettait d'hypothéquer ou réciproquement? La vente était nulle, suivant Ulpien, car « *Is qui aliud fecit quam quod decretum est a prætore nihil egisse videtur.* » (L. 7 § 3, liv. 27, tit. 9, Digest.).

Il pourrait se faire que la religion du juge ait été surprise, et que le tuteur ait obtenu de lui un décret quand il n'y avait pas nécessité de vendre, *quid*? Le pupille conservait une action pour faire annuler la vente (L. 5 § 15, liv. 27, tit. 9, Dig.). Il en était de même et la permission d'aliéner ne pouvait pas nuire à l'impubère, si le préteur outre-passant ses pouvoirs accordait un décret au tuteur pour faire une donation, par exemple, ou pour envoyer des présents de noces à la mère ou à la sœur utérine du pupille, ou pour acquitter des legs ou des fidéicommis qui n'étaient point dus (L. 13 § 2, liv. 26, tit. 7, Digest.).

Lorsque le tuteur s'était passé de l'autorisation du magistrat, tout ce qu'il faisait en aliénant était nul de plein droit (L. 2, 10, 11, 15, 16 passim, *de Prædiis et aliis rebus min.* Cod.) et le pupille pouvait revendiquer la chose avec tous les fruits si le possesseur était de mauvaise foi, mais seulement avec les fruits existants au jour de la *litis contestatio* s'il était de bonne foi. Et comme l'aliénation ainsi faite se trouvait destituée de tout effet, il s'ensuivait que le pupille pouvait l'attaquer sans être tenu de prouver qu'il avait été lésé (L. 11, Cod. liv. 5, tit. 71).

Remarquons, cependant, qu'à la revendication du pupille, le possesseur pourra opposer l'exception de dol et retenir la chose en tout ou en partie, selon que le prix aura tourné pour le tout ou pour partie au profit du pupille (L. 13, *de Rebus eorum*, Digest.).

Ainsi supposons qu'avec les deniers provenant de la vente non autorisée par un décret, le tuteur a désintéressé un créancier du pupille, ou qu'il a acheté avantageusement un autre immeuble, ou qu'il a fait un bon placement, il serait certainement injuste d'enrichir le pupille au détriment de l'acquéreur ou du tiers détenteur. Mais si ce détenteur n'a pas opposé l'exception de dol comme il en avait le droit et a restitué la chose aliénée, restera-t-il sans recours contre le pupille ? Non, il pourra agir par une *condictio sine causâ* afin d'obtenir une somme équivalente au profit que l'impubère a retiré de l'aliénation (L. 10, liv 5, tit. 71, Cod.)

Enfin, malgré la nullité de l'aliénation faite sans un décret, l'acquéreur conservera le droit de poursuivre le gage que le tuteur lui avait conféré sur ses propres biens pour le garantir contre le danger de l'éviction (L. 9, eod. tit. Cod.)

Outre la revendication accordée au pupille, on lui donnait contre son tuteur l'action de tutelle jusqu'à concurrence de l'intérêt qu'il avait à ce que la vente ne se fît pas sans un décret, sans préjudice de la peine qu'encourait le tuteur, s'il avait employé des manœuvres dolosives pour chercher à surprendre un décret du magistrat (L. 9, *de Rebus eor.* Digest).

Le tuteur qui aliénait un bien de l'impubère en agissant dans la limite de ses pouvoirs, transférait-il à l'acquéreur la propriété *jure civili* ou seulement *jure prætorio* ?

Depuis Justinien, la question ne souffre pas de difficulté, la vente faite par le tuteur était complétement valable quand même l'incapable n'avait pas figuré dans l'acte. Mais dans le droit classique, la solution est douteuse. Gaius, Comm. 2 § 64, s'explique pour un cas particulier, il s'agit de la vente d'un bien appartenant à un *furiosus*, le jurisconsulte nous dit que la loi des XII Tables avait permis au curateur de l'insensé qui est son agnat de faire la vente. Mais ce texte devait-il être étendu au tuteur? Nous ne le pensons pas et, suivant nous, l'acquéreur qui avait reçu la chose du tuteur agissant pour le compte du pupille était devenu propriétaire *jure prætorio*, mais non pas *jure civili*. Cette opinion se justifie par l'application des principes du droit romain. D'une part, en effet, le droit civil n'admettait pas qu'une personne pût faire pour une autre un acte juridique; le mandataire parlait en son propre nom, et c'est en sa personne que se produisaient les effets de l'acte qu'il passait. Mais, d'autre part, le préteur qui avait reconnu les inconvénients du droit civil permettait à une personne de se faire représenter par un tiers. Nous convenons cependant que notre solution peut difficilement se concilier avec certains textes du Digeste, mais nous le répétons, ce qui nous décide à l'admettre, c'est qu'elle est conforme aux principes généraux. Elle nous paraît d'ailleurs confirmée par un texte formel, la loi 16, liv. 5, tit. 37 au Code.

La prohibition d'aliéner sans décret ne s'applique qu'autant qu'il s'agit d'aliénations volontaires, mais dès que l'aliénation s'impose au pupille, l'autorisation du magistrat cesse d'être exigée. L'*Oratio* de Septime-Sévère nous indique les cas où il en est ainsi. C'est d'abord, lorsque la personne à qui succède le pupille a, dans son testament, ordonné l'aliénation d'un immeuble ; cette volonté est une loi que le tuteur doit respecter (L. 1 § 2, liv. 27, tit. 9, Dig.).

En second lieu, le cas d'indivision, lorsque c'est le tiers dont l'immeuble est indivis avec le pupille qui provoque le partage (L. 1 § 2, eod. tit. Dig.).

En troisième lieu, lorsqu'un créancier du père du pupille poursuit la vente du gage que le *de cujus* lui avait constitué, bien que cet immeuble appartienne maintenant au pupille, le créancier non payé à l'échéance peut le faire vendre (L. 1 § 2, eod. tit. Dig.).

Différents textes au Digeste et au Code nous signalent encore d'autres hypothèses analogues.

Nous devons faire observer que les aliénations consenties par le tuteur au mépris du sénatus-consulte, bien que nulles de plein droit pourront être ratifiées par le pupille sorti de tutelle, et cela, même contre le gré de la partie adverse (L. 1 et 2, liv. 5, tit. 74, Cod.).

Justinien apporta une dernière restriction aux pouvoirs du tuteur en décidant qu'il ne pourrait plus valablement sans un décret recevoir le payement des créances du pupille, ni en donner décharge (Inst. liv. 2 § 2, tit. 8), à moins qu'il ne s'agît d'une somme modique.

Le but de cette innovation était très-juste. Il faut savoir qu'avant Justinien, les débiteurs qui payaient le pupille assisté de son tuteur étaient bien libérés *jure civili*, mais que, si le tuteur devenait insolvable, le préteur pouvait accorder au mineur la *restitutio in integrum* et lui permettre d'exiger à nouveau le payement. C'est afin de soustraire les débiteurs du mineur à ce danger, que Justinien exige l'intervention du magistrat ; s'ils payent sur un décret, ils jouiront de la plus complète sécurité.

Le tuteur pouvait-il transiger pour le compte de son pupille ? Avant l'*Oratio* de Septime-Sévère, la question ne faisait pas de doute, et pourvu que la transaction ne déguisât pas une donation, si elle avait réellement pour but l'intérêt du pupille, elle était permise ; des textes nombreux l'indiquent (L. 46 § 7, liv. 26, tit. 7; L. 56 § 4; L. 54 § 5, liv. 47, tit. 2, Digest.).

Et, à défaut de textes, un argument *a fortiori* nous le prouverait. En effet, le tuteur agit comme un mandataire général ; or, en cette qualité, il aurait pu déférer le serment à l'adversaire du pupille même en l'absence de toute preuve, ce qui pouvait avoir des conséquences désastreuses et exposer ce dernier à la perte de son droit, sans compensation aucune (L. 35, princ. liv. 12, tit. 2 et L. 17 § 2, eod. Digest.) ; tandis que dans la transaction, si l'une des parties cède quelque chose à l'autre c'est à la condition que celle-ci à son tour fera une concession. Mais à partir de l'*Oratio* de Sévère, le tuteur ne conserva plus la faculté de transiger seul que lorsque la transaction portait sur une chose que le tuteur aurait pu aliéner sans décret. S'il s'agissait d'immeubles, comme la transaction entraîne une aliénation, il devint indispensable au tuteur d'obtenir la permission du magistrat, s'il devait en résulter l'abandon d'un immeuble ou d'un autre droit litigieux immobilier du pupille. Cela nous est dit formellement dans la loi 4 au Code, livre 5, titre 71. Ce que nous venons de dire de la transaction, s'applique, et pour les mêmes raisons, au compromis.

DU CAS OU IL Y A PLUSIEURS TUTEURS.

A la différence du droit moderne, il n'était point rare chez les Romains qu'un même pupille eût plusieurs tuteurs. Le cas se présentait même assez fréquemment. Supposons d'abord que le pupille ait plusieurs agnats au même degré, ils seront tous tuteurs. Le père de famille peut aussi dans son testament désigner plusieurs tuteurs à son fils; de même, dans la tutelle déférée par le magistrat, plusieurs tuteurs peuvent être nommés au même impubère. Cet usage était-il contraire aux intérêts du pupille ? Nullement, la pluralité de tuteurs ne détruisait même pas le principe de l'unité de la tutelle, car, en général, l'administration était concentrée entre les mains d'un seul qui gérait sous la responsabilité de ses cotuteurs.

S'il y a plusieurs tuteurs, comment organisera-t-on la gestion ? Voici les différents moyens qui nous sont indiqués par les textes.

D'abord il se peut que le père de famille, tout en nommant plusieurs tuteurs dans son testament n'ait confié l'administration qu'à un seul d'entre eux (L. 3

§ 1, liv. 26, tit. 7, Dig.); on devra se conformer à cette volonté, à moins que le testateur n'ait agi d'une façon irréfléchie, par exemple, s'il avait désigné comme tuteur un mineur de vingt-cinq ans, ou bien qu'il ait cru nommer un honnête homme et que plus tard on découvre que ce tuteur ne méritait aucune confiance (L. 3 § 3, eod.).

Le père de famille a nommé plusieurs tuteurs, mais il n'a pas confié la gestion à l'un d'entre eux, ou bien il en a désigné un pour gérer et celui-ci n'a pas voulu accepter, ou bien il n'y a pas de tuteurs testamentaires mais des tuteurs datifs; dans ces différentes hypothèses le préteur devra faire en sorte que l'administration ne soit pas divisée, *ne tutela per plures spargatur*. A cet effet, il convoque les tuteurs et leur fait élire celui qui gérera; que s'ils ne répondent pas à sa convocation ou ne peuvent s'entendre sur le choix, il désignera lui-même, *causâ cognitâ*, le tuteur *gerens* (L. 3 § 7, eod. tit.) Les interprètes donnent à ce tuteur chargé seul de l'administration le nom du *tuteur onéraire*; les autres sont appelés au Digeste *tuteurs honoraires*, c'est-à-dire *honoris causâ dati*; ils n'administrent pas mais ils encourent une certaine responsabilité : « *Blandiuntur enim*, nous dit Ulpien, *sibi qui putant honorarios tutores omnino non teneri.* » L. 3 § 2 in fine, eod. tit.). Ce sont des surveillants, des espèces de gardiens qui doivent exiger fréquemment des comptes et provoquer la destitution du tuteur comme suspect s'il gère mal. Cependant, ils ne sont tenus que subsidiairement et ne peuvent être poursuivis qu'après que la vente des biens du tuteur onéraire n'a pu suffire à indemniser le pupille (L. 3 § 2, eod. tit.).

En second lieu, il peut arriver que les tuteurs n'acceptent pas la nomination de l'un d'eux pour gérer faite par le magistrat, parce qu'ils n'ont pas confiance les uns dans les autres et qu'ils préfèrent administrer tous. En ce cas, ils géreront indivisément (L. 3 § 8, eod. tit.). Il en sera de même au cas où bien qu'un seul tuteur gère, en fait, les autres ont néanmoins le droit de gérer et encourent la même responsabilité que s'ils administraient effectivement. Cela se présente lorsque, ni le père dans son testament, ni le magistrat n'ayant décidé auquel des tuteurs serait confiée la gestion, les autres ont fait des conventions entre eux dans ce but. Il s'agit, par exemple, de plusieurs tuteurs testamentaires ou nommés *ex inquisitione* par le magistrat, nous avons vu qu'ils étaient dispensés de *satisdare* ; le droit prétorien a décidé que celui d'entre eux qui voudrait se soustraire aux inconvénients d'une gestion en commun pourrait le faire en offrant à ses collègues de *satisdare*. Ceux-ci sont alors mis en demeure ou bien d'accepter la *satisdatio* qui leur est offerte et d'abandonner la gestion, ou bien de prendre l'administration et d'offrir à leurs cotuteurs cette *satisdatio*. De la sorte, les intérêts de tous seront sauvegardés : le tuteur *gerens* n'aura pas à craindre que ses collègues n'administrent mal ; le pupille, de son côté, ne courra aucun risque, puisque les autres tuteurs continuent à être responsables envers lui, et, ces derniers, si leur cotuteur administre mal seront protégés et rendus indemnes au moyen de la *satisdatio* qu'il leur a préalablement fournie. Si plusieurs offrent de donner caution, c'est celui qui présentera la caution la plus forte qui sera nommé. La gestion est ainsi en quelque sorte aux enchères (Inst. § 1, *de Satisd. tut. vel curat.*).

Nous pouvons supposer encore que les tuteurs ont chargé l'un d'entre eux de gérer (L. 55 § 2 h. t. Digest.), ou bien qu'ils se sont partagé la tutelle sans une décision du magistrat (L. 2, liv. 5, tit. 52, Cod.). Ce sont là des arrangements qui ne regardent que les tuteurs et auxquels le pupille reste complétement étranger (L. 5 § 3 h. t. Digest.). Les tuteurs continuent donc d'être responsables solidairement envers lui comme si tous avaient administré et les conventions qu'ils pourraient faire afin de se soustraire à cette corréalité seraient nulles vis-à-vis de l'impubère. Néanmoins, comme cette situation est trop rigoureuse, des exceptions analogues à celles des cofidéjusseurs sont accordées au cotuteur *gerens* poursuivi pour le tout. Il a 1° *le bénéfice de division* qui lui permet d'exiger que les poursuites soient réparties entre les autres cotuteurs solvables et lui (L. 1 § 11 et 12, liv. 27, tit. 3, Digest.) ; 2° *le bénéfice de cession d'actions* par lequel il obtient, s'il a été obligé de payer le tout ou une somme plus forte que sa part, d'être mis au lieu et place du pupille et d'exercer les droits de celui-ci contre les autres tuteurs.

Enfin, la gestion pouvait être divisée entre les tuteurs. La division s'opérait soit *per partes*, c'est-à-dire par nature d'affaires, tel tuteur était chargé d'administrer les meubles, tel autre les immeubles, tel autre de placer l'argent ; soit *per regiones*, c'est-à-dire que l'un devait administrer les biens situés dans un pays, l'autre les biens situés dans un autre pays. Dans ces différents cas, les tuteurs ne sont pas responsables les uns des autres, ils n'ont à répondre que de la gestion qui leur a été attribuée sans se mêler de celle de leurs collègues (L. 4, liv. 26, tit. 7. Dig.).

Ils sont seulement tenus d'exercer une certaine surveillance les uns sur les autres, afin de faire destituer comme suspect celui d'entre eux qui gérerait mal (L. 22, liv. 5, tit. 52, Cod.).

Mais remarquons qu'il n'en est ainsi qu'autant que l'administration a été divisée par le testateur ou le magistrat ; un partage de fait opéré entre les tuteurs, de leur propre autorité, laisserait subsister entière la responsabilité de chacun d'eux pour le tout.

Du reste les tiers ne doivent pas souffrir de ce que la tutelle a été divisée et si un débiteur du pupille est poursuivi par un des tuteurs, il pourra très-bien lui opposer en compensation une dette qui rentre dans l'administration d'un autre tuteur (L. 36, liv. 26, tit. 7, Digest.).

Voilà pour la *gestio* ; voyons maintenant comment se donne l'*auctoritas* quand il y a plusieurs tuteurs. L'acte fait par le pupille sorti de l'*infantia* ne sera-t-il valable qu'autant que tous ses tuteurs l'auront autorisé ? La règle a varié sur ce point : l'ancien droit distinguait ; s'il s'agissait de tuteurs testamentaires et de tuteurs nommés *ex inquisitione* par le magistrat, l'*auc-*

toritas d'un seul suffisait, car la volonté du père ou l'examen fait par le juge était une garantie. S'agissait-il, au contraire, de tuteurs légitimes ou nommés sans enquête, on avait contre eux un sentiment de défiance et on exigeait le concours de tous (Ulpien, Règles, titre 11 § 26 et L. 5, liv. 5, titre 59, Cod.).

Justinien fit disparaître cette distinction et décida que désormais l'*auctoritas* d'un seul tuteur suffirait (L. 5, Cod. eod. tit.). Nous parlons de tuteurs qui gèrent; quant à ceux à qui l'administration de la tutelle n'a point été confiée (L. 4, liv. 26, tit. 8, Digest.), ils ne peuvent pas autoriser le pupille à faire un acte rentrant dans la catégorie des actes d'administration. Ils ont, au contraire, ce pouvoir pour les autres actes (L. 49, liv. 29, tit. 2, Digest.); ainsi un tuteur honoraire peut donner au pupille son *auctoritas* pour faire adition.

Lorsque la tutelle a été divisée *per partes vel per regiones*, comme chaque tuteur doit rester dans la limite des attributions qui lui ont été confiées (L. 5, liv. 5, tit. 59, Cod.), il n'aurait pas le droit de donner son *auctoritas* pour un acte ne rentrant pas dans son administration.

Le principe posé par Justinien que l'*auctoritas* d'un seul tuteur suffit souffre exception lorsqu'il s'agit pour le pupille de se donner en adrogation; comme l'adrogation fait cesser la tutelle, il est juste que les tuteurs soient consultés et que l'acte qui met fin à leurs pouvoirs ne puisse se faire sans leur consentement (L. 5, liv. 5, tit. 59, Cod.).

Quelle est la responsabilité du tuteur?

Sur cette question, les textes sont loin d'être précis. Que le tuteur réponde de son dol et de sa faute lourde assimilée au dol, rien n'est plus juste, aussi les jurisconsultes s'accordent sur ce point. Mais que décider en ce qui concerne la faute légère? La raison de douter c'est que, le tuteur rendant un service purement gratuit et la charge de la tutelle lui ayant été imposée, il paraît peu équitable de se montrer trop sévère à son égard. Deux lois nous disent que le tuteur ne répondra pas de sa faute légère. L'une suppose que le tuteur en achetant des immeubles pour le pupille a fait une mauvaise spéculation (L. 7 § 2, *de Admin. et peric.* Dig.) ; l'autre prévoit l'hypothèse où le tuteur aurait mis une certaine négligence à faire rembourser des créances dues au pupille et, par suite, les aurait laissées devenir mauvaises (L. 2, Cod. *Arbit. tut.*). Si le tuteur ne s'était pas, dans ces deux cas, rendu coupable d'une grande négligence, il n'était point tenu de l'action de tutelle. Il est probable que cette solution formait la règle générale dans le principe. Mais plus tard, on jugea à propos de protéger davantage le pupille et on admit que son tuteur répondrait même de sa faute légère. Cette faute s'appréciait-elle *in abstracto*, c'est-à-dire en prenant comme type de comparaison les soins qu'un bon père de famille donne à sa chose; ou bien *in concreto*, c'est-à-dire en prenant pour point de comparaison les soins que le tuteur donnait lui-même habituellement à ses propres affaires? C'est ici que les jurisconsultes se contredisent. Callistrate exigeait du tuteur la même diligence « *quam paterfamilias rebus suis ex bonâ fide præbere debet* (L. 33, princ. liv. 26, tit. 7, Dig.). Ulpien décidait, au contraire, que le tuteur « *rationem reddet præstando dolum, culpam et quan-* » *tum in rebus suis diligentiam* » (L. 1, princ. liv. 27, tit. 3, Dig.). Nous pensons, sans toutefois être trop affirmatif sur ce point, que la faute du tuteur s'appréciait *in concreto* ; la solution contraire serait, suivant nous, trop rigoureuse.

Afin d'assurer la bonne administration du tuteur, la loi avait établi différentes garanties au profit du pupille. Nous avons déjà parlé de l'obligation de *cavere* et de *satisdare*, de faire inventaire et dans le dernier état du droit de prêter serment de bien administrer. Une autre sûreté fut, en outre, accordée à l'impubère, c'était le *privilegium exigendi* c'est-à-dire le droit d'être préféré aux autres créanciers lors de la reddition des comptes de tutelle.

Enfin Constantin conféra aux pupilles une hypothèque générale sur les biens de leurs tuteurs ; cette hypothèque datait du jour où les fonctions du tuteur avaient commencé ou auraient dû commencer (L. uniq. liv. 5, tit. 13, Cod.; Fragm. du Vatic. 249).

DROIT FRANÇAIS

DE L'ÉMANCIPATION

NOTIONS HISTORIQUES

Sous le nom d'émancipation, notre ancienne législation française comprenait deux institutions tout à fait différentes dans leur origine et dans leur but, empruntées toutes deux au droit romain. L'une, usitée dans les pays de droit écrit, avait pour résultat de faire cesser la puissance paternelle et de placer l'enfant en tutelle, s'il était mineur, elle venait de l'*emancipatio* romaine. L'autre, au contraire, en usage dans toute la France, mettait fin à la tutelle, elle avait son origine dans une institution du Bas-Empire, la *venia ætatis*. C'est de cette dernière qu'est sortie notre émancipation moderne. Bien qu'il n'y ait rien de commun entre l'émancipation romaine et l'émancipation telle que le Code civil l'a réglementée, nous croyons qu'il ne sera pas inutile, avant d'aborder l'étude des textes, de consacrer quelques pages à l'histoire de ces institutions qui ont joué un si grand rôle à Rome et dans l'ancienne

France. Nous allons donc parler : 1° de la *venia ætatis*; 2° de l'*emancipatio* romaine ; 3° de l'émancipation à l'effet de libérer de la puissance paternelle, pratiquée surtout dans les pays de droit écrit ; 4° de l'émancipation à l'effet de libérer de la tutelle, usitée dans toute la France.

I. DE LA VENIA ÆTATIS

Les anciens Romains se fondant sur ce principe que le développement des facultés intellectuelles est concomitant au développement physique avaient reconnu au pupille, aussitôt qu'il atteignait la puberté, la même capacité qu'à l'homme mûr et habitué à la pratique des affaires. Maître de sa personne et de sa fortune, le jeune pubère se trouvait ainsi sans protection contre tous les dangers auxquels son âge l'exposait. Dès que le luxe et les richesses eurent pénétré dans Rome à la suite des conquêtes, on comprit les inconvénients d'un pareil système et il fallut chercher un moyen de défendre l'adolescent à peine sorti de la tutelle contre ses propres entraînements et contre l'abus que des hommes peu scrupuleux auraient pu faire de sa jeunesse et de ses passions. C'est dans ce but que fut rendue la loi *Plætoria* dont la date se place environ dans la première moitié du VI° siècle de Rome. Cette loi permettait à tout le monde de poursuivre le tiers qui traitant avec un pubère mineur de vingt-cinq ans aurait profité de son inexpérience pour s'enrichir à ses dépens. La condamnation entraînait l'infamie, mais d'après la plupart des auteurs, le contrat n'était pas rescindé, et tout ce que le mineur pouvait faire, c'était opposer une exception si l'acte n'était pas consommé et que le tiers en demandât l'exécution. Voilà le premier texte qui nous parle d'un *ætas perfecta, ætas legitima* et qui distingue entre les majeurs et les mineurs de vingt-cinq ans.

Le préteur prit une mesure encore plus protectrice pour sauvegarder les intérêts des mineurs. Quand même l'adolescent n'aurait pas été trompé, s'il se trouvait lésé par suite du contrat qu'il faisait avec un tiers, il obtenait une *restitutio in integrum* en vertu de laquelle l'acte, bien que valable d'après le droit civil, était rescindé. Le mineur, tout en restant capable, fut donc protégé, mais ces moyens de protection beaucoup trop énergiques eurent pour résultat pratique d'enlever tout crédit aux mineurs de vingt-cinq ans.

Afin de rassurer les tiers la loi Plætoria leur avait permis de demander au mineur de se faire nommer un curateur, *redditis causis*, c'est-à-dire en alléguant un motif ; l'assistance de ce curateur avait pour effet de mettre le tiers à l'abri de la poursuite criminelle et de la *restitutio in integrum*, mais uniquement pour l'affaire qu'il s'agissait de conclure.

Marc-Aurèle généralisant cette mesure autorisa les mineurs de vingt-cinq ans à demander au magistrat un curateur général et sans qu'il fût besoin d'indiquer le motif. Ce curateur leur fut même imposé dans trois cas déterminés : 1° pour recevoir leur compte de tutelle ; 2° pour recevoir un payement ; 3° pour soutenir un procès. Pour les autres cas, on donnait aux mineurs de vingt-cinq ans le conseil de demander un curateur permanent et l'usage s'en établit de plus en plus. Aussi quand Justinien nous dit : *Inviti adolescentes curatorem non accipiunt præter quam in litem*, cette proposition, vraie en droit est inexacte en fait, car la crainte de voir le vide se faire autour d'eux et de ne trouver personne avec qui contracter décidait très-certainement les mineurs de vingt-cinq ans à se faire assister d'un curateur permanent jusqu'à ce qu'ils eussent atteint l'*ætas legitima*. De la sorte, leur situation finit par ressembler à celle des pupilles ; ils ne purent plus, sans l'assistance de leur curateur, rendre leur condition pire, et un texte nous dit que la vente faite par un mineur de vingt-cinq ans sans le consentement de son curateur pourra être déclarée nulle. La curatelle n'était plus, dès lors, pour ainsi dire qu'une continuation de la tutelle, la capacité du mineur recevait une trop grave atteinte et le but se trouvait dépassé.

C'est alors que, vers le Bas-Empire, à une époque que l'on ne peut préciser, probablement dans la moitié du IIIe siècle, fut établie la *venia ætatis*, c'est-à-dire la faveur accordée par l'empereur aux pubères mineurs de vingt-cinq ans d'être traités comme des majeurs, sauf la défense d'aliéner ou d'hypothéquer leurs immeubles sans un décret du magistrat. Constantin règle de la manière suivante les conditions à remplir pour obtenir cette faveur : « *Omnes adolescentes, qui honestate morum præditi paternam frugem, vel avorum* » *patrimonia gubernare cupiunt, et super hoc imperiali* » *auxilio indigere cœperint, ita demum ætatis veniam*

» *impetrare audeant, cum vicesimi anni ætas imple-*
» *verint: ita ut post impetratam ætatis veniam, iidem*
» *ipsi per se principale beneficium allegantes, non solum*
» *per scripturam annorum numerum probent, sed etiam*
» *testibus idoneis advocatis, morum suorum instituta pro-*
» *bitatemque animi et testimonium vitæ honestioris*
» *edoceant* (§ 1). *Fœminas quoque, quas morum honestas,*
» *mentisque solertia commendat, cum octavum decimum*
» *annum egressæ fuerint, veniam ætatis impetrare*
» *sancimus.* » (L. 2, liv. 45, 2, Cod.).

Les hommes devaient se présenter eux-mêmes devant le magistrat pour faire l'information de vie et de mœurs, les femmes avait le privilége de la faire faire par procureur. Celle des sénateurs se faisait devant le préfet du prétoire, celles des autres devant le préteur ou devant le recteur de la province (§ 1 et 2, eod.).

L'empereur Léon considérant, avec beaucoup de raison, que l'intelligence ne se développe pas également et au même âge chez tous les individus dispensa de la nécessité de justifier de l'âge de vingt ans ou de dix-huit ans selon le sexe, pourvu que l'on eût atteint la puberté ; il supprima aussi la condition de solliciter un rescrit et décida que désormais il suffirait de s'adresser au magistrat et de prouver sa bonne conduite et sa capacité (Novelle 28).

La *venia ætatis* avait pour effet : 1° de mettre fin à la curatelle ; 2° de faire cesser la *restitutio in integrum.*

II. DE L'ÉMANCIPATION EN DROIT ROMAIN.

On peut ainsi la définir: L'acte qui affranchissait un fils de famille de la puissance paternelle et qui le rendait *sui juris*. Pour bien comprendre la nature de cet acte dont le nom a passé dans la législation moderne, mais dont le caractère primitif a complétement changé, plaçons-nous aux premiers siècles de Rome et voyons ce qu'était à cette époque la puissance paternelle. Romulus avait organisé cette puissance dans un but exclusivement politique. Comprenant que l'un des plus sûrs moyens de conserver et de consolider les institutions religieuses et politiques qu'il fondait était de modeler la constitution de la famille sur celle de l'Etat, il fit de la *patria potestas* une sorte de magistrature domestique, un pouvoir absolu et sans contrôle n'ayant pour seul contre-poids que l'affection réciproque des pères et des enfants. Le fils de famille était regardé sous certains rapports comme faisant partie du patrimoine du père et pouvait être revendiqué absolument comme une chose soumise au droit de propriété (L. 1 § 2, Digest. liv. 6, tit. 1). Etait-il marié? Son père avait le droit de rompre son mariage, bien qu'il y eût précédemment consenti. Avait-il commis un délit envers un tiers? Son père pouvait l'abandonner en réparation du délit. Il pouvait également le vendre et le réduire à l'état de *mancipium*, voisin de l'esclavage. Voilà pour la personne; quant aux biens, le fils de famille n'avait rien en propre et tout ce qu'il acquérait devenait la propriété du père. A un certain point de vue, la condition du fils de famille était même plus dure que celle de l'esclave, car si l'esclave vient à être affranchi par son maître, il recouvre la liberté, tandis que le fils de famille vendu par son père et affranchi par l'acheteur retombe toujours sous la puissance du père qui peut ainsi le vendre indéfiniment. Soit que cette dernière conséquence, la plus exorbitante de toutes ait paru trop rigoureuse, soit qu'elle ait amené des abus, le législateur voulut en restreindre les effets et afin de prévenir cet abus, la loi des XII Tables défendit au père de vendre son fils plus de trois fois: « *Si pater filium ter venumdederit, filius a patre liber esto* », disait la quatrième Table. Au bout de la troisième vente le droit de puissance du père était épuisé et l'enfant devenait libre. De ce texte les jurisconsultes tirèrent l'émancipation. Désormais si un citoyen voulait faire cesser le pouvoir que la loi lui donnait sur son fils, il lui suffisait de recourir aux formes de la mancipation. Il s'entendait avec un ami et en présence de cinq témoins citoyens romains pubères et d'un *libripens*, il lui mancipait son fils, l'acheteur mettant la main sur celui-ci frappait la balance avec une pièce de monnaie qui figurait le prix et de la sorte il acquérait sur le fils de famille un droit de puissance appelé *mancipium*. Comme la vente n'était que fictive, le tiers affranchissait le fils *vindictá*, celui-ci retombait sous la puissance de son père; une nouvelle vente avait lieu suivie d'un nouvel affranchissement. Enfin, pour la troisième fois, le père mancipait son fils au tiers qui l'affranchissait encore et le droit de puissance paternelle se trouvait éteint. L'enfant devenait *sui juris* (Gaius, 1 § 132). Ces formes compliquées n'étaient que l'application rigoureuse de la loi des XII Tables, et comme le texte ne parlait que du fils, on en conclut que pour la fille et les petits-fils une seule vente suffisait. Lorsque, après la première ou la troisième mancipation, le tiers affranchissait l'enfant, il acquérait sur lui les droits de tutelle et de patronage; il y avait là un préjudice pour le père, les jurisconsultes y remédièrent et décidèrent que l'émancipation pourrait se faire, *contractâ fiduciâ*, c'est-à-dire que le père faisait promettre au tiers de lui laisser accomplir l'affranchissement définitif afin de conserver sur son enfant les droits dont l'aurait dépouillé cet affranchissement opéré par le *manumissor extraneus*.

Telles étaient les formes de l'émancipation. Que si nous considérons ses effets, nous verrons qu'à l'origine, cette institution, loin d'être un bienfait pour l'enfant devenait plutôt un moyen pour le père de se débarrasser de son autorité. Il ne pouvait être contraint d'émanciper ses enfants, mais il était libre de le faire quel que fût leur âge. S'agissait-il d'un fils ou d'un petit-fils encore impubère? on le mettait en tutelle, d'une fille? on lui donnait toujours un tuteur, bien qu'elle fût nubile, car les femmes étaient soumises à une tutelle perpétuelle. A la vérité, l'émancipé pubère se trouvait libre, il était maître de sa personne, pouvait contracter un mariage sans le consentement de son père et devenir ainsi le chef d'une famille; tout ce qu'il acquêrait lui appartenait. Mais à quel prix obtenait-il ces avantages! Il subissait une *capitis deminutio* qui rompait tous les liens d'agnation qui le rattachaient à la famille paternelle, il se trouvait sans dieux privés, sans famille, sans patrimoine, ses propres enfants nés ou conçus *ex justis nuptiis* au moment de son émancipation restaient sous la puissance de son père, leur aïeul qui pouvait les émanciper sans son consentement; à la mort de son père, il n'avait aucun droit à prétendre sur sa succession. L'émancipation était irrévocable, et l'enfant une fois sorti de sa famille agnatique n'y pouvait rentrer qu'au moyen d'une adoption.

Voilà ce que fut l'émancipation au commencement. Elle portait, comme on le voit, l'empreinte de la rudesse des antiques institutions de Rome. Mais si les principes durs et souvent injustes du vieux droit quiritaire avaient pu convenir aux mœurs guerrières et farouches des premiers Romains, ils cessèrent d'avoir leur raison d'être dès que la civilisation eut fait des progrès. La puissance paternelle et l'émancipation étaient des créations beaucoup trop arbitraires du législateur pour ne pas subir au profit de l'enfant les modifications que la marche du temps et le progrès des idées rendaient nécessaires. Déjà, le préteur avait reconnu combien le droit civil était inique en dépouillant l'émancipé de tout droit dans la succession de son père, et afin de réparer cette injustice, il avait créé sous le nom de *bonorum possessio* une sorte de succession basée non plus sur l'agnation, mais bien sur l'équité et les liens du sang à laquelle il appela les enfants émancipés.

En outre, vers la fin de la République, les pères de famille avaient pris l'habitude de confier à leurs fils quelques biens pour les faire valoir. C'était le *pécule profectice*, le fils n'en avait que l'administration, la propriété restait au père et lui faisait retour lors de l'émancipation, mais souvent le père en émancipant son enfant lui abandonnait son pécule. Par suite de ces changements l'enfant ne sortait plus, complétement dépouillé, de sa famille et les liens qui le rattachaient à son père ne se trouvaient plus entièrement brisés. Désormais l'émancipation devenait pour lui une faveur.

Les mœurs allant toujours s'adoucissant, grâce aux écrits des jurisconsultes et des philosophes, les principes du droit naturel, si longtemps méconnus, furent enfin mis en lumière. Puis le christianisme était venu apportant au monde ses préceptes de charité et de morale qui devaient bientôt exercer une influence si bienfaisante sur les peuples. Alors la puissance paternelle perdit de plus en plus de sa dureté et peu à peu les empereurs firent disparaître un à un presque tous ses attributs les plus exorbitants. C'est ainsi qu'Hadrien en condamnant à la déportation un père qui avait tué son fils supprima le droit de vie et de mort, car la puissance paternelle, dit Marcien, *in pietate debet, non in atrocitate consistere* (L. 5, liv. 48, tit. 9, Dig.), et Constantin punit de la peine du parricide le père meurtrier de son fils (L. un. Cod. liv. 9, tit. 17).

Le droit de maltraiter l'enfant fut également retiré au père de famille, puisque Trajan força un père à émanciper l'enfant qu'il maltraitait et le priva de tout droit dans la succession de l'émancipé (Loi 5, liv. 37, tit. 12, Dig.).

Quant au pouvoir le plus odieux de tous, celui qu'avait le père de dissoudre le mariage de ses enfants, nous voyons dans les sentences de Paul qu'Antonin le Pieux l'a supprimé (liv. 5, tit. 6 § 5).

Des constitutions des empereurs Caracalla et Dioclétien déclarèrent improbe et radicalement nulle la vente des enfants par leur père (L. 1, Cod. liv. 7, tit. 16; L. 1, Cod. liv. 4, tit. 43; L. 6, Cod. liv. 8, tit. 17). Constantin ne la permit plus qu'au cas d'extrême misère des parents et seulement quand il s'agissait d'enfants nouveau-nés, afin d'en prévenir l'exposition (L. 1, Cod. Théod. liv. 5, tit. 8; L. 2, Cod. liv. 4, tit. 43; Fragm. Vat. 34). Justinien reproduisit ces dispositions (Loi 2, liv. 4, tit. 43, Cod.). Puis dans la Novelle, 134, chap. 7, il interdit ces sortes de ventes. Il supprima aussi l'abandon noxal des fils de famille (§ 4, Inst. liv. 4, tit. 8).

L'exposition des enfants fut défendue par Constantin qui ne faisait que renouveller la prohibition de ses prédécesseurs ; comme sanction, il prive le père de la puissance paternelle au profit de la personne qui a pris soin de l'enfant exposé et qui l'a recueilli (L. 1, Cod. Théod. liv. 5, tit. 7). Justinien va plus loin et déclare que l'enfant deviendra *sui juris* (L. 3, liv. 8, tit. 52, Cod.).

Les droits du père de famille n'avaient pas été moins restreints en ce qui concerne les biens. Nous avons vu qu'à l'origine le fils de famille ne pouvait pas être propriétaire et que tout ce qu'il acquérait se trouvait acquis à son père (Gaius, Comm. 2 § 187). L'introduction successive des pécules *castrense*, *quasi castrense* et *adventice* modifia singulièrement cette ancienne règle, si tant est qu'elle ne la fit pas disparaître et on peut dire que, dans le dernier état du droit, ce n'est plus que par exception que les fils de famille acquièrent pour leur père (§ 1 Inst. liv. 2, tit. 9). Le principe posé par Gaius se trouve renversé.

Il nous reste à voir les conséquences que ces innovations entraînèrent relativement à l'émancipation. Jusqu'au commencement du VIe siècle les formalités compliquées de l'émancipation continuèrent à être suivies, bien que n'ayant plus aucun sens et ne pouvant plus s'expliquer que par l'attachement des Romains pour le formalisme de leur vieux droit. Ce fut seulement l'empereur Anastase qui, en 503, introduisit un nouveau mode d'émancipation beaucoup plus simple. Avant cet empereur, il était impossible d'émanciper un fils de famille absent, Anastase combla cette lacune, en décidant, qu'en pareil cas, le père pourrait s'adresser à l'empereur et obtenir de lui un rescrit qu'il ferait insinuer *apud acta judicis*. Mais le consentement de celui qu'on voulait émanciper ainsi était nécessaire, à moins qu'il ne s'agît d'un *infans*.

Justinien se contenta d'exiger une simple déclaration faite par le père devant le magistrat compétent. Le contrat de *fiducie* est toujours sous-entendu.

Enfin, l'empereur Léon alla encore plus loin et créa une émancipation tacite. D'après la Novelle 25 le fait seul, de la part du fils de famille, d'avoir une habitation séparée de celle de son père, pourvu que celui-ci ne s'y oppose pas, suffit pour l'émanciper.

Comme autrefois, l'émancipation, était toujours un acte volontaire pour le père qui ne pouvait être contraint de libérer ses enfants de sa puissance. Cependant cette règle, absolue à l'origine, souffrit différentes exceptions sous les empereurs. Citons les principales. Nous avons déjà vu Trajan imposant aux pères qui maltraitaient leurs enfants, l'obligation de les émanciper. La même sanction fut portée par Théodose et Valentinien contre les pères qui prostituaient leurs filles malgré elles (L. 6, liv. 11, tit. 40, Cod.). Antonin le Pieux avait décidé que l'impubère qui aurait été adrogé pouvait à la puberté exiger son émancipation, s'il prouvait que l'adrogation lui était désavantageuse (L. 32, princip., l. 33, *de Adoptionibus*). Justinien déclara, ainsi que nous l'avons vu, *sui juris*, l'enfant exposé par son père. On peut conclure de la loi 92, liv. 35, tit. 1 au Digeste que si un père avait reçu un legs ou un fidéicommis sous la condition d'émanciper son fils, celui-ci pourrait obtenir du préteur son émancipation.

Enfin, dans la Novelle 12, Justinien condamne un père qui aurait contracté un mariage incestueux à perdre la puissance paternelle sur ses enfants.

Voyons les effets de l'émancipation dans le dernier état du droit romain. En ce qui concerne la personne, ils sont les mêmes que dans les premiers siècles, l'enfant devient *sui juris*; s'il est impubère il entre en tutelle, s'il est pubère, il se trouve indépendant ; seulement, les empereurs Valentinien, Valens et Gratien veulent que la fille mineure de vingt-cinq ans obtienne, si elle désire se marier, le consentement de son père, et, si elle n'a plus son père, le consentement de sa mère et de ses proches (L. 18 au Cod. *de Nuptiis*).

Quant aux biens, l'usage s'est établi de plus en plus pour le fils émancipé de conserver son pécule *profectice*, et il suffit que le père ne le lui retire pas expressément pour qu'il soit réputé lui en avoir fait donation en l'émancipant (§ 260, Fragm. Vatican. et L. 31 § 2, liv. 39, tit. 5, Dig.). En quittant la maison paternelle, l'émancipé emporte avec lui son pécule *castrense* et *quasi castrense*, mais, comme *præmium emancipationis*, le père gardera une partie du pécule *adventice*, et, s'il en est ainsi, c'est plutôt dans l'intérêt des enfants, afin de décider plus facilement leur père à les émanciper. Constantin fixa à un tiers en propriété cette part que le père pourrait retenir. Justinien décida qu'elle ne serait plus que de l'usufruit de la moitié du pécule *adventice* (L. 6 § 3, Cod. *de Bon. quæ lib.*).

L'émancipation entraînait toujours une *minima capitis deminutio* et, par suite, rupture des liens d'agnation, ce qui en matière de succession, notamment, causait un grave préjudice aux émancipés. Nous avons vu le préteur, à l'aide des *bonorum possessiones* corriger les résultats les plus choquants de ce principe. L'empereur Anastase fit plus et rendit aux enfants émancipés une bonne partie des droits que leur enlevait la perte de leur qualité d'agnats, mais la différence entre les agnats et les cognats subsista avec plusieurs de ses conséquences injustes, jusqu'à ce que Justinien, par ses deux Novelles 118 et 127, portât le dernier coup au système successoral de la loi des XII Tables. Le droit de succéder reposant dès lors sur sa base naturelle, l'affection présumée du défunt pour ceux qui lui sont unis par les liens du sang, il n'y eut plus à distinguer entre les enfants émancipés et ceux qui restaient en puissance; l'émancipation était un bienfait que l'on ne pouvait retourner contre celui qui en avait été jugé digne par le père de famille. Puisque tel était le caractère de l'émancipation, il devenait juste que si l'enfant se montrait ingrat on pût lui retirer cette faveur qu'il ne méritait pas. C'est ce que décida Constantin (§ 248, Fragm. Vatic.; L. unic. Cod. liv. 8, tit. 50).

III. DE L'ÉMANCIPATION A L'EFFET DE LIBÉRER DE LA PUISSANCE PATERNELLE, PRATIQUÉE SURTOUT DANS LES PAYS DE DROIT ÉCRIT.

Il est probable que la puissance paternelle existait en France, sous les rois des deux premières races, c'est, du moins, ce que nous sommes autorisés à croire d'après un capitulaire de Charles le Chauve dans lequel nous voyons que les pères avaient le droit de vendre leurs enfants pour subvenir à leurs nécessités. Mais quand se fut établie la division de la France en pays de Droit écrit et en pays de Coutumes, les provinces du Midi, où l'influence romaine avait persisté malgré l'invasion des Barbares, conservèrent la puissance paternelle, tandis que les provinces du Nord et de l'Est plus profondément empreintes des usages germaniques substituèrent à la *patria potestas* un pouvoir beaucoup plus doux, le *mundium*, sorte de tutelle créée uniquement en vue de protéger le faible et finissant dès que celui qui en était l'objet cessait d'en avoir besoin. C'est en ce sens qu'il faut entendre la règle de Loysel : « *Droit de puissance paternelle n'a lieu.* » Cette proposition formulée déjà par Dumoulin signifie simplement que les Coutumes ne donnent pas au père de famille un pouvoir aussi fort que le Droit romain, et tout dans son intérêt ; mais il est bien évident que le père de famille a sur ses enfants une certaine autorité, autorité qui, à défaut du père, passe à la mère, ce qui le prouve, c'est le droit qu'ils ont de faire enfermer dans une maison de force leurs enfants s'ils sont indociles. Seulement, « comme c'est plutôt en faveur des » enfants qu'elle est établie qu'en faveur des parents, » elle finit lorsque les enfants sont réputés en état de » se gouverner par eux-mêmes, c'est-à-dire lors de » leur majorité ou de leur mariage. » (Pothier, Introduct. au tit. 2 de la Coutume d'Orléans, § 1).

Du reste, à un autre point de vue, la règle de Loysel n'est pas très-exacte parce qu'elle est trop générale, même si on en restreint l'application aux pays de Coutumes, car plusieurs de ces provinces conservèrent la puissance paternelle romaine en la modifiant toutefois par les usages locaux, ce qui faisait dire à Argou : « La » puissance que les pères ont sur leurs enfants dans

» les pays de Droit écrit et dans quelques Coutumes est » un des meilleurs moyens qu'on ait pu inventer pour » retenir les enfants dans leur devoir, mais elle est si » différente suivant les diverses Coutumes qu'il est » presque impossible d'en donner des principes géné- » raux. » (Argou, *Institution au droit français*, liv. 1, chap. 4).

Ce que disait Argou de la puissance paternelle, on aurait pu également le dire de l'émancipation et pour les mêmes motifs. Du moment qu'aux règles si précises du droit romain venait se mêler l'élément coutumier, il était impossible d'avoir sur notre matière une législation uniforme, la variété la plus grande régnant dans nos Coutumes. Nous nous contenterons d'esquisser les traits généraux de cette institution.

L'émancipation des fils de famille était expresse ou tacite. Dans un premier paragraphe nous parlerons de l'émancipation expresse; dans un second, de l'émancipation tacite; enfin un troisième paragraphe sera consacré aux effets de l'émancipation libérant de la puissance paternelle.

§ 1. *De l'émancipation expresse.*

C'était celle qui résultait d'une déclaration formelle faite par le père qu'il mettait l'enfant hors de sa puissance. On suivait à peu près les formes du droit romain dans son dernier état. Le père se présentait devant le juge de son domicile et déclarait qu'il mettait son enfant hors de sa puissance, le juge donnait acte de cette déclaration qui était enregistrée au greffe.

Primitivement, si le fils était mineur, le père ne pouvait l'émanciper avant d'avoir obtenu des lettres du roi à cet effet, mais cette formalité cessa d'être exigée par la suite. De même qu'en droit romain, le père pouvait donc émanciper ses enfants à tout âge.

L'émancipation pouvait-elle se faire devant un notaire? Tous les pays de droit écrit s'accordaient à déclarer nulle une pareille émancipation; cette solution était conforme à la loi 5 du Code *de Emancipationibus:* « *Non nudo consensu patria liberi potestate sed actu solemni, vel casu liberantur, nec causæ quibus motus pater emancipavit filium, sed actus solemnitas quæritur.* » L'émancipation étant un *actus legitimus* ne pouvait être faite que dans les formes prescrites par la loi, or la loi exigeait, outre le consentement du père, la présence du juge pour la validité de cet acte.

Le seul Parlement de Toulouse suivait un usage contraire et confirmait les émancipations que le père faisait devant notaire. Voici comment un vieil auteur, Catellan, justifiait cette dérogation à la loi romaine : « Il paraît » raisonnable que dans le radoucissement qu'a reçu en» core parmi nous la puissance paternelle et des lieux » où les mœurs sont moins façonnières, un père puisse » renoncer à sa puissance devant un notaire et des » témoins, et en la manière que, suivant le droit com» mun et ordinaire on peut renoncer à tous les droits » qu'on ne veut pas retenir. Cette intervention du no» taire et des témoins ne donne-t-elle pas à l'émanci-

» pation tout ce qu'elle peut demander de sérieux et de » public ? »

Quant aux pays de Coutumes qui admettaient la puissance paternelle romaine et l'émancipation, la question était controversée et diversement résolue suivant les Coutumes. Les unes ne voulaient pas l'émancipation devant un notaire. Nous pouvons citer notamment la Côutume de Bourgogne dans laquelle il y avait même certaines formes symboliques. Les parties étant devant le juge, le fils « supplie son père de l'émanciper, à » quoi ce dernier consentant a déclaré qu'il émancipait » sondit fils et le mettait hors de sa puissance ; auquel » effet, ledit fils s'est mis à genoux, joignant les mains, » lesquelles son père a disjointes et icelui relevé, dont » acte leur fut donné et procès-verbal dressé. »

Et le président Bouhier à qui nous empruntons cette citation ajoute : « Tel est à peu près l'usage de tous les » pays de droit écrit suivant nos jurisconsultes, et, » bien que quelques-uns d'entre eux croyent que cet » acte puisse se faire par-devant notaire, je tiens qu'il » doit être fait en jugement à la forme ancienne ; d'autant plus que s'agissant de l'état d'un enfant et de » l'intérêt de ceux qui peuvent avoir affaire à lui, il est » à propos que l'acte en soit public et connu de tout le » monde. »

Le Parlement de Besançon avait la même jurisprudence, seulement par faveur pour le mariage, il dispensait de la présence du juge l'émancipation faite par contrat de mariage.

Conformément au droit romain, le père de famille

pouvait retenir, toute leur vie, ses enfants sous sa puissance, et, si nous en croyons Argou, on voyait souvent dans le Parlement de Toulouse des hommes de soixante ans et plus qui étaient encore sous la puissance de leur père. Cependant, de même que nous avons vu les empereurs contraindre dans certains cas les pères à émanciper leurs enfants, de même nous voyons cette nécessité imposée au père de famille par notre ancien droit, par exemple, lorsqu'il a reçu un legs sous la condition d'émanciper ses enfants; ou bien lorsqu'il les maltraite, qu'il les abandonne, qu'il leur refuse des aliments, les induit au mal ou les excite à la débauche.

Le père pouvait émanciper ses enfants, en leur absence, cela ne faisait pas le moindre doute dans la plus grande partie des pays qui admettaient la puissance paternelle, mais la présence du père était-elle nécessaire ou bien suffisait-il qu'il se fît représenter?

Les pays qui suivaient le droit romain et qui n'admettaient pas l'émancipation par acte notarié, n'admettaient pas non plus l'émancipation, par procureur, toujours en vertu de cette idée que l'émancipation était un *actus legitimus*, or les actes de cette nature ne peuvent se faire par représentant. Mais dans les pays où s'était introduit l'usage d'émanciper devant un notaire, l'émancipation faite par procureur se trouvait valable, la raison que l'on en donnait, c'est qu'en France, l'émancipation n'exige pas plus de solennité que les autres actes passés devant notaire.

De ce que la puissance paternelle était indivisible et l'émancipation un acte légitime, on avait conclu que le père de famille ne pourrait émanciper son fils pour partie et cette règle était générale. Il n'y avait d'exception qu'en Provence, où, sous le nom d'*habilitation*, le père autorisait ses enfants à administrer leurs biens et à en acquérir les fruits, mais cette habilitation qui s'opérait devant un notaire et des témoins ne faisait pas cesser la puissance paternelle, son but était simplement de donner une capacité plus grande aux fils de famille.

Une fois conférée, l'émancipation était irrévocable et le cas d'ingratitude seul pouvait faire rentrer l'enfant sous la puissance de son père.

Ajoutons, en terminant, sur l'émancipation expresse que c'était un acte de juridiction gracieuse et, qu'en conséquence, tout magistrat compétent pour recevoir un acte légitime était compétent pour recevoir une émancipation. Cette solution était conforme au droit romain.

§ 2. *De l'émancipation tacite.*

Nous allons passer brièvement en revue les principales causes d'émancipation tacite, en faisant remarquer dès à présent que plusieurs d'entre elles ont leur source non point dans le droit romain, mais viennent du *mundium* germanique, c'est ce qui explique la variété des principes souvent contradictoires qui régissaient cette matière dans notre ancienne France. L'habitation séparée, la promotion à certaines dignités, le mariage et le fait d'avoir atteint un certain âge étaient dans beaucoup de provinces autant de causes libérant les fils de famille de la puissance paternelle.

I. *Habitation séparée.* Les lois romaines nous fournissent déjà des exemples de ce mode d'émancipation. Sans parler de la Novelle 25 de l'empereur Léon, la loi 1 au Code, *de patriâ Potestate* décidait que par cela seul qu'un père avait souffert que son fils passât *longtemps* aux yeux du public pour un *pater familias*, il devenait émancipé : *cum diu passus sis ut patris familias res ei agi*. On induisait du silence prolongé du père une renonciation à la puissance paternelle. D'où la conséquence que si la séparation d'habitation s'expliquait autrement que par la présomption d'un consentement tacite, si par exemple, il s'agissait d'un fils que ses fonctions appelaient loin de la maison paternelle ou d'une fille que la pauvreté obligeait à sortir de sa famille pour aller gagner sa vie comme servante, bien que la séparation durât très-longtemps, elle n'entraînait pas l'émancipation.

Mais combien devait durer cette séparation consentie par le père pour produire l'émancipation ? Les opinions étaient très-partagées et on ne comptait pas moins de quatre opinicns sur la question.

D'après les uns, aussitôt que le fils avait quitté le toit paternel avec le consentement de son père, il se trouvait émancipé.

D'autres soutenaient qu'il suffisait d'une séparation ayant duré l'an et jour.

Un troisième système exigeait un laps de dix années,

Enfin, certains auteurs étaient d'avis que la séparation devait se prolonger pendant vingt ans.

Les partisans des deux derniers systèmes étaient divisés sur la manière d'interpréter le mot *diu* de la loi romaine précitée. Mais l'opinion de ceux qui fixaient à dix ans la séparation d'habitation finit par l'emporter comme étant la plus admissible. Dunod cite deux arrêts du Parlement de Besançon en ce sens. Telle était notamment la jurisprudence des Parlements de Provence, de Toulouse et de Bordeaux.

L'émancipation dont nous parlons avait un effet rétroactif et rendait valables tous les actes faits par le fils de famille dans l'intervalle des dix ans. Quel était le motif de ce principe ? C'était, selon quelques auteurs, parce que le père était présumé avoir eu l'intention d'émanciper son fils dès le commencement et avait ratifié cette émancipation tacite par le laps de dix ans. D'autres considéraient cette émancipation comme le résultat d'une prescription proprement dite ; or la règle commune à toutes les prescriptions, c'est qu'elles ont un effet rétroactif remontant au commencement de la possession.

II. *Promotion à certaines dignités.* Il faut venir jusqu'au règne de Justinien pour trouver ce mode d'émancipation en droit romain. Ce prince nous apprend aux Institutes (liv. 1, tit. 12 § 4) que ni la qualité de militaire, ni la pourpre de sénateur, ni le consulat ne libéraient de la puissance paternelle, mais il rappelle qu'il a fait une constitution (loi dernière Cod. *de Consulibus*) d'après laquelle la dignité de patrice émancipait le fils de famille. Puis, dans la Novelle 81, il étend cette faveur aux consuls, aux préfets du prétoire, aux préfets de la ville, aux évêques et généralement à toutes les dignités qui affranchissaient du décurionat et elles étaient nombreuses.

De toutes ces dignités, il ne restait en France que celle d'évêque, et on s'accordait à reconnaître qu'elle émancipait. On attribuait aussi le même effet aux charges de lieutenants généraux et de gouverneurs des provinces, de ministres et de conseillers d'Etat.

Quant aux magistrats des cours souveraines avaient-ils le privilége d'être émancipés ? Suivant le président Bouhier, ils restaient soumis à la puissance paternelle dans les pays qui suivaient le droit romain : « Il est » notoire, dit-il, que les fils de famille n'y sont émancipés par aucune charge, ni par aucune dignité, en » sorte que le senatus-consulte Macédonien s'y observe » même à l'égard des officiers des cours souveraines, » sans en excepter les présidents de la cour, les gens » du roi ou autres. » Mais cette opinion n'était point partagée par tous les auteurs.

Voilà pour la législation des pays qui suivaient le droit romain. Dans les provinces coutumières, au contraire, il était de principe que les enfants se trouvaient émancipés dès qu'ils étaient pourvus *de grade ou état honorable*, et d'après Guy Coquille sur la Coutume de Nivernais (chap. 22, art. 2) on sort de la puissance paternelle « soit par émancipation, soit par mariage en » âge compétent, soit par prêtrise, soit par promotion » à quelque office public... Car en tous ces cas, sui-

» vant la commune usance de ce royaume, l'émanci-
» pation est présumée. »

III. *Mariage*. Le principe de l'émancipation du fils de famille par le mariage venait des usages introduits chez nous par les Francs, car jamais en droit romain le mariage n'eut pour effet de faire cesser la puissance paternelle. Plusieurs pays de droit écrit trouvèrent ce principe si rationnel qu'ils s'empressèrent de l'admettre, imitant en cela toutes nos provinces coutumières. La règle de Loysel : « *Feu et lieu font émancipation et » enfants mariés sont tenus pour hors de pain et pot, » c'est-à-dire émancipés* » fut donc suivie dans la plus grande partie de la France. C'est ainsi que dans tous les pays de droit écrit qui ressortissaient du Parlement de Paris comme le Lyonnais, Forez, Beaujolais et une partie de l'Auvergne, le mariage affranchissait les enfants de la puissance paternelle. De même, dans le duché de Bourgogne où la puissance paternelle était cependant admise le mariage émancipait les enfants. Mais à l'égard des filles ce principe ne fut établi que quelques années avant 1600. Argou rapporte que ce changement de jurisprudence excita de grands murmures à Lyon.

La Coutume de Franche-Comté avait une législation spéciale à cet égard. Le mariage n'émancipait point les enfants mâles ; quant aux filles, on distinguait celles de Besançon et celles des autres endroits de la province. Les premières n'étaient point émancipées par le mariage parce que la ville de Besançon ne reconnaissait que le droit romain comme loi. Les secondes, au contraire, étaient libérées de la puissance paternelle par le mariage, l'article 24 de la Coutume le déclarait formellement : « La femme mariée, soit qu'elle ait père ou » aïeul paternel ou non, après la consommation du » mariage demeure en la puissance de son mari. Mais » elle peut tester et disposer par testament, dernière » volonté ou donation à cause de mort, sans l'autorité » de sesdits aïeul, père ou mari. »

La Coutume de Bretagne suivait une autre règle : La femme qui se mariait était soumise à l'autorité de son mari et affranchie par conséquent de la puissance paternelle, la même personne ne pouvant être à la fois sous deux puissances. De plus, l'enfant, tant qu'il n'avait pas vingt-cinq ans et un domicile séparé de celui de son père, n'acquérait en se mariant que le droit d'administrer ses biens, mais la puissance paternelle continuait à subsister à tous autres égards.

Nous pourrions citer encore comme régies par des dispositions spéciales les Coutumes de Poitou, de Bourbonnais, de Saintonge, d'Angoumois, mais ce que nous venons de dire de celles de Franche-Comté et de Bretagne suffit pour montrer la divergence qui existait dans les provinces relativement à l'étendue du mode d'émancipation qui nous occupe.

L'enfant de famille, émancipé par le mariage, retombait-il sous la puissance paternelle une fois le mariage dissous, par exemple, s'il devenait veuf? Quelques auteurs soutenaient l'affirmative. Mais l'opinion contraire avait plus de partisans, parce qu'elle s'appuyait sur deux lois romaines décisives, la loi 11 *de his qui sui vel alieni juris sunt* et la loi 12 *de Adoptioni-*

bus au Digeste. Aussi cette dernière solution finit-elle par prévaloir.

IV *Age*. Nous savons qu'à Rome la puissance paternelle ne cessait pas à un certain âge, mais durait tant qu'il plaisait au père de famille. Ce principe passa dans tous les pays de Droit écrit et même fut adopté par certaines provinces coutumières, principalement du nord de la France. Cependant le droit commun des pays de Coutumes fut qu'à l'âge de vingt-cinq ans les enfants étaient affranchis de l'autorité paternelle. Quelques Coutumes les émancipaient même dès qu'ils avaient vingt ans accomplis. Telles étaient celles de Montargis, Reims, Sedan, Châlons. Seulement dans ces Coutumes les fils de famille ne pouvaient aliéner leurs biens avant la majorité ; ils en avaient seulement l'administration.

§3. *Des effets de l'émancipation libérant de la puissance paternelle.*

La puissance paternelle avait plusieurs conséquences dont voici les principales : 1° outre le droit de garde, d'éducation et de correction, elle donnait au père l'usufruit de tous les biens qui appartenaient à ses enfants, excepté des biens qu'ils acquéraient à la guerre, au barreau ou au service de l'Eglise et que le droit romain désignait sous le nom de *peculium castrense* et *quasi castrense* ; 2° les fils de famille ne pouvaient pas emprunter sans le consentement de leur père quel que fût leur âge ; 3° ils ne pouvaient tester que sur leur pécule *castrense* et *quasi castrense ;* 4° le père ne pouvait leur faire de donations entre-vifs, si ce n'est par contrat de mariage, toutes les autres étaient réputées *à cause de mort*, et par conséquent révocables ; 5° tout ce que le fils acquérait avec les biens qu'il avait entre les mains, sauf avec son pécule *castrense* et *quasi castrense* appartenait au père, non-seulement en usufruit mais en pleine propriété.

Puisque l'émancipation faisait cesser la puissance paternelle, il en résultait que par là même toutes les conséquences que nous venons d'énumérer s'évanouissaient. Le fils ou la fille de famille devenait maître de sa personne et de sa fortune et acquérait la même capacité qu'un père de famille (nous les supposons majeurs).

Cependant, comme récompense du bienfait de l'émancipation, le père conservait l'usufruit de la moitié des biens *adventices* de son enfant, encore qu'il ne se fût pas réservé ce droit lors de l'émancipation.

Nous devons ajouter que le fils et la fille émancipés ne pouvaient contracter mariage sans le consentement de leur père.

IV. DE L'ÉMANCIPATION A L'EFFET DE LIBÉRER DE LA TUTELLE.

Cette émancipation pouvait être expresse ou tacite.

§ 1. *Emancipation expresse.*

Autrefois la majorité en France était fixée à l'âge de douze ans ou de quatorze ans suivant le sexe et sauf en ce qui concernait les biens nobles. Voici, en effet, ce que nous dit Jean Desmares à ce sujet : « Enfants » de pooste sont agiés à quatorze ans puisqu'ils sont » mâles et les pucelles sont agiées à douze ans, mais » ceux qui sont nobles sont agiés à vingt et un ans » quant à choses nobles et feudataires, et quant à celles » qui sont tenues en villenage à quatorze ans. » Mais ce droit primitif fut modifié par la suite et finalement la majorité fut fixée à vingt-cinq ans, aussi bien dans les pays coutumiers que dans le Midi.

Dans les pays de droit écrit, la tutelle finissait à la puberté, c'est-à-dire à douze ans pour les filles et à quatorze ans pour les mâles, et les mineurs pubères dont les biens étaient régis par ce droit pouvaient administrer eux-mêmes leur fortune et disposer seuls de leurs meubles et des revenus de leurs immeubles. Mais Argou (liv. 1, chap. 9) nous dit qu'ordinairement des curateurs continuaient d'administrer les biens du mineur et étaient obligés de lui en rendre compte aussi bien que les tuteurs, Pour ceux-là, des lettres de bénéfice d'âge étaient nécessaires s'ils voulaient gérer seuls leur fortune.

Dans la plupart des Coutumes, la tutelle durait jusqu'à vingt-cinq ans, et le mineur, tant qu'il n'avait pas atteint cet âge était complétement incapable d'agir sans son tuteur. Du reste, les fonctions de ce tuteur présentaient une grande analogie avec celles du curateur des pubères en droit écrit, à ce point que Loysel affirme que « *tuteur et curateur n'est qu'un.* » Comme il pouvait être avantageux pour les mineurs placés soit en tutelle soit en curatelle d'avoir eux-mêmes la conduite et l'administration de leurs biens, on eut recours à une forme imitée de la *venia ætatis*, à l'émancipation. Le mineur s'adressait au prince et lui demandait des lettres de bénéfice d'âge. Ces lettres scellées en chancellerie étaient envoyées au juge du lieu de la tutelle, celui-ci assemblait les parents paternels et maternels du mineur, prenait leur avis ainsi que celui du tuteur, et s'ils jugeaient le mineur capable de gouverner son bien, il le déclarait émancipé. On insinuait ces lettres au bureau établi près le domicile du mineur et elles étaient ensuite entérinées par le juge royal du lieu de ce domicile.

Les Édits exigeaient que l'on demandât des lettres d'émancipation, mais dans beaucoup d'endroits, ces prescriptions n'étaient pas suivies ; le juge se contentait d'homologuer la délibération des parents et amis déclarant le mineur capable, et, sur leur avis de prononcer l'émancipation, l'usage l'emportait sur la loi. Un arrêt du Conseil du 7 janvier 1684 consacra cette pratique en ordonnant que dans tous les pays de droit écrit, l'émancipation pourrait être faite sans lettres de bénéfice d'âge ; quant aux pays coutumiers les lettres furent formellement exigées.

Régulièrement, c'était à la pleine puberté seulement,

c'est-à-dire à dix-huit ans accomplis que l'on accordait les lettres d'émancipation, mais si les parents étaient d'avis d'avancer la capacité du mineur où si son intérêt l'exigeait, on l'émancipait avant cet âge, et comme les lettres d'émancipation ne s'entérinaient qu'en connaissance de cause, elles étaient accordées très-facilement.

La formalité de l'entérinement par le juge de la tutelle était une condition indispensable pour que l'émancipation eût lieu et produisît ses effets.

Par l'émancipation, le mineur acquérait le droit d'administrer ses biens, de contracter et de s'obliger personnellement à raison de cette administration sans espérance de rescision. Il pouvait, en conséquence, donner ses biens à bail pour six ans, s'il s'agissait de maisons situées en ville, pour neuf ans, s'il s'agissait de biens de campagne. Il pouvait également disposer de ses meubles et du revenu de ses immeubles. Les engagements contractés par le mineur émancipé n'étaient valables que jusqu'à concurrence du montant de ses revenus seulement, mais il n'avait pas la faculté de vendre ses immeubles, ni de les aliéner, ni de les hypothéquer.

Le partage ou la licitation étant des actes qui emportent aliénation étaient par là même interdits aux mineurs ; si on les demandait contre eux, ils devaient se faire nommer un tuteur à l'effet de les défendre et de les assister dans ces opérations.

Pour la réception de leur compte de tutelle, nomination d'un tuteur *ad hoc* était également nécessaire au mineur émancipé.

L'usage s'était établi, lorsque l'assemblée de parents était réunie pour émanciper le mineur de nommer en même temps à ce dernier un curateur et d'entériner l'acte de nomination en entérinant les lettres d'émancipation. C'était au conseil de famille qu'appartenait le droit de choisir le curateur et, en principe, il n'y avait de curatelle légitime que celle du mari sur sa femme mineure, toutes les autres étaient datives.

A l'origine, ce curateur était chargé non pas d'administrer ni de surveiller l'administration, mais simplement d'assister le mineur dans tous les actes de procédure qui pouvaient concerner ses intérêts en demandant ou en défendant. De là, son nom de *curateur aux causes*. Et même s'il s'agissait d'une action tendant à l'aliénation d'un immeuble, on donnait à l'émancipé un tuteur aux actions immobilières. Mais dans le dernier état du droit, cette complication inutile était généralement abandonnée, et Pothier nous dit que l'usage s'établit de préposer le curateur par l'acte même qui le nommait, afin d'assister le mineur dans tous les actes d'aliénation de ses immeubles.

Le curateur devait prêter serment de s'acquitter fidèlement de sa charge et il ne devenait capable d'exercer ses fonctions que du jour où il avait fait insinuer l'acte de nomination au domicile de l'émancipé. Comme le curateur n'avait pas pour mission de représenter le mineur mais seulement de l'assister, il en résultait que tous les actes de procédure devaient être signifiés à la requête de l'émancipé procédant sous l'autorisation de son curateur aux causes.

Du reste, les cas dans lesquels l'assistance du curateur était nécessaire s'étendirent de plus en plus et Pothier nous dit que la sentence d'entérinement apportait souvent des restrictions au droit de l'émancipé de disposer seul de ses biens meubles. Nous lisons également dans Argou que : « ceux qui doivent aux mineurs » ne peuvent pas leur payer valablement les sommes » capitales des obligations ou contrats de constitution » sans le consentement d'un curateur quoiqu'ils soient » hors de tutelle et émancipés, et s'ils l'avaient fait et » que le mineur eût dissipé les deniers, ils en seraient » responsables. » (Liv. 1, chap. 9).

Les actes passés par l'émancipé sans l'accomplissement des formalités requises pouvaient être rescindés pour cause de lésion, s'il y avait quelque préjudice, c'était d'ailleurs la règle applicable à tous les mineurs et même, dans l'ancien droit le mineur lésé, bien qu'il eût été assisté de son curateur, pouvait se faire restituer ; mais la jurisprudence reconnut que cette protection exagérée nuisait à son crédit et, du temps de Pothier, il était admis que le mineur émancipé n'était plus restituable pour les actes de pure administration.

Le mineur émancipé qui n'avait plus d'ascendants pouvait-il se marier seul ? Non, quand même il aurait eu le consentement de son curateur ordinaire. « Il » faut, dit Meslé, un avis de parents qui nomment un » tuteur ou curateur pour consentir au mariage et pour » régler les conventions matrimoniales ; ou bien, le

» décret du juge qui autorise l'avis des parents qui
» consentent au mariage suffira pour autoriser le mineur
» à contracter mariage selon la coutume. »

Lorsque le mineur ne se montrait pas digne de l'émancipation, et que par suite de sa mauvaise conduite, il dissipait sa fortune ou faisait des dépenses excessives, on pouvait lui retirer l'administration de ses biens et alors il se trouvait replacé en tutelle jusqu'à sa majorité.

§ 2. *Emancipation tacite.*

Si le mariage dans les pays coutumiers faisait cesser la puissance paternelle, à plus forte raison devait-il mettre fin à la tutelle ; ce principe, d'origine germanique, généralement admis dans toutes nos Coutumes, excepté en Bretagne et en Poitou, était même tellement favorable qu'on attribuait à l'émancipé par mariage, une capacité plus grande qu'à l'émancipé par lettres du prince. En effet, tandis que ce dernier ne pouvait ester en justice sans l'assistance de son curateur, le mineur marié, au contraire, pouvait valablement procéder seul pour toutes les affaires qui ne concernaient que l'administration de ses biens. Telle était du moins la pratique du Châtelet.

Plusieurs pays de droit écrit finirent aussi par admettre l'affranchissement de la tutelle par le mariage, on peut citer notamment ceux qui étaient du ressort du Parlement de Paris.

Quelques coutumes avaient admis une autre émancipation tacite, celle résultant de l'âge ; c'est ainsi qu'en la Coutume d'Artois, les mâles âgés de quatorze ans et les filles âgées de onze ans étaient capables d'administrer leurs biens et de jouir de leurs revenus. Suivant les Coutumes d'Anjou et du Maine, les mineurs qui avaient vingt ans accomplis pouvaient disposer de leurs immeubles. Mais cette émancipation libérant de plein droit de la tutelle le mineur arrivé à vingt ans n'était pratiquée que dans un petit nombre de Coutumes et constituait une exception asssez rare au droit commun.

Terminons par une remarque importante. La profession de commerçant avait pour effet de rendre le mineur aussi capable que s'il était majeur, mais seulement quant aux actes relatifs à son commerce.

Ce principe reconnu par plusieurs Coutumes fut consacré par l'Ordonnance de 1673 qui le déclara applicable dans toute la France.

DE L'ÉMANCIPATION DANS LE CODE CIVIL.

NOTIONS GÉNÉRALES.

L'émancipation est un acte juridique qui affranchit le mineur soit de la puissance paternelle, soit de l'autorité tutélaire, soit de l'une et de l'autre, lorsqu'il s'y trouvait simultanément soumis, et qui lui confère, avec le gouvernement de sa personne, une certaine capacité pour accomplir les divers actes de la vie civile.

D'après cette définition, nous voyons que les rédacteurs du Code n'ont point admis la distinction faite par notre ancien droit de deux sortes d'émancipations. C'est que le législateur moderne, ayant reconnu que les principes du droit coutumier sur l'autorité du père de famille étaient les seuls vrais, les seuls en harmonie avec la nature et avec nos mœurs, a voulu les consacrer et exclure les règles de la *patria potestas* romaine. Dès lors, la puissance du père de famille, aussi bien que l'autorité du tuteur, reposant sur l'idée unique de protection de l'enfant, il était naturel que l'acte destiné à mettre fin à ces deux puissances fût régi par les mêmes principes.

L'abandon des règles de la puissance paternelle romaine explique également pourquoi, d'une part, l'émancipation ne peut plus avoir lieu dès le plus bas âge et, d'autre part, pourquoi elle ne peut être conférée que pendant la minorité. Dans le premier cas, elle pourrait être nuisible à l'enfant ; dans le second, elle lui serait inutile, puisque la majorité fait cesser de plein droit la puissance du père.

L'émancipation donne à l'émancipé une demi-capacité qui est, suivant l'expression de Berlier, une espèce de stage pour arriver à la capacité complète du majeur. Quelques auteurs trouvent regrettable que le Code n'ait fait de l'émancipation qu'une mesure individuelle, si la loi avait décidé que, de plein droit, à un certain âge les mineurs seraient associés à la gestion de leurs affaires, ils se fussent trouvés beaucoup plus aptes, lors de la majorité, à gouverner leur fortune. Cette critique est certainement fondée et nous n'essaierons pas de justifier le Code à cet égard ; cependant, nous devons constater que s'il n'a point créé pour tous les mineurs arrivés à un certain âge une situation intermédiaire entre la majorité et la minorité, ce n'est point par oubli, un tel système existait dans plusieurs provinces de l'ancienne France et fut proposé lors de la discussion et même consacré dans le projet du Code. Cambacérès le fit rejeter comme inutile, en prétendant que la majorité n'étant plus, comme autrefois, reculée jusqu'à vingt-cinq ans, « il n'y a plus entre l'âge de vingt et un ans et celui de dix-huit la proportion qui existait entre ce dernier et celui de vingt-cinq ans. »

L'émancipation tient à l'état et à la capacité des personnes, il en résulte qu'elle est d'ordre public ; les parents ou le conseil de famille en la conférant au mineur ne pourraient y apporter de restrictions et toute modification qu'ils voudraient lui faire subir, soit en étendant, soit en restreignant ses effets, se trouverait radicalement nulle par application de l'art. 6 du Code civil. Il en était déjà de même dans l'ancien droit, du moins en principe. La Provence, il est vrai, admettait sous le nom d'*habilitation* une sorte d'émancipation qui permettait aux parents de restreindre la capacité qu'ils accordaient à leurs enfants, mais c'était là une Coutume isolée qui n'était point suivie dans le reste de la France. Le Code a fixé les règles de l'émancipation, il n'est pas permis aux particuliers d'y déroger.

Nous diviserons l'étude de notre sujet de la manière suivante :

Dans un premier chapitre nous parlerons des conditions et des formes de l'émancipation.

Dans un second chapitre nous verrons ses effets, et, à ce propos, nous traiterons de la curatelle et de la capacité du mineur émancipé.

Le troisième chapitre sera consacré au retrait de l'émancipation.

Enfin dans un court appendice nous nous occuperons de l'émancipation des enfants naturels, adultérins ou incestueux ou admis dans les hospices.

CHAPITRE PREMIER.

DES CONDITIONS ET DES FORMES DE L'ÉMANCIPATION.

L'émancipation est tacite ou expresse. Dans le premier cas, elle a lieu de plein droit, c'est la loi qui la prononce ; dans le second cas, elle résulte d'une déclaration spéciale. Nous verrons que l'âge du mineur peut varier suivant qu'il s'agit de l'une ou de l'autre de ces émancipations.

SECTION I.

De l'émancipation tacite ou légale.

L'art. 476 reproduit une vieille règle de notre droit coutumier en décidant que le mineur est émancipé de plein droit par le mariage. Ce principe est rationnel et conforme à nos mœurs. Comprendrait-on que le mari, qui va devenir chef de famille, voie tous ses actes contrôlés par son père ou son tuteur sans jouir de la moindre indépendance ? Quant à la femme, si le mariage ne l'émancipait pas, elle se trouverait soumise à deux puissances, à l'autorité paternelle ou tutélaire et à l'autorité maritale ; l'existence simultanée de ces deux pouvoirs serait presque toujours une cause de tiraillements et de trouble dans le ménage ; en tout cas, elle affaiblirait singulièrement et sans profit l'autorité du mari. Aussi, le Code est tellement favorable à cette émancipation que la femme qui se marierait avant l'âge de quinze ans, en vertu de dispenses, se trouverait émancipée. La seule condition exigée par la loi, c'est que le mariage soit valablement contracté, peu importe l'âge des époux. Et cette règle de l'article 476 est très-logique ; du moment, en effet, que les père et mère ou le conseil de famille jugent le mineur capable de se marier, ils le reconnaissent, par le fait, capable d'administrer ses biens.

C'est cette considération qui s'oppose à ce que le mineur devenu veuf rentre en tutelle, alors même qu'aucun enfant ne serait né de son mariage. Le bon sens impose qu'ici l'émancipation survive à sa cause, car pourquoi la présomption de capacité perdrait-elle de sa force par le décès du conjoint de l'émancipé ? L'émancipation par mariage est irrévocable ; il faudrait un texte formel de la loi pour faire retomber sous la tutelle ou sous la puissance paternelle le mineur devenu veuf, et ce texte n'existe pas. La cour de Grenoble s'était cependant une fois prononcée dans un sens contraire à celui que nous indiquons, mais la Cour de Cassation a cassé l'arrêt comme violant l'article 476 (arrêt de cassation du 21 février 1821).

La solution serait différente, si, au lieu d'un mariage dissous, nous supposons un mariage annulé, car un tel mariage est considéré comme n'ayant jamais existé et n'a pas pu, par conséquent, produire l'émancipation. Néanmoins, en cas de mariage putatif, nous admettrions la validité de l'émancipation, malgré l'annulation de ce mariage ; la raison en est que le mariage putatif produit tous ses effets civils au profit de l'époux de bonne foi et des enfants.

Pendant l'instance en nullité du mariage, il faudrait toujours considérer le mineur comme émancipé, car tant que le jugement déclarant nul le mariage n'est pas intervenu le mariage existe avec ses conséquences.

L'émancipation est un effet tellement nécessaire du mariage que la loi qui ne permet aux pères et mères d'émanciper expressément l'enfant qu'à l'âge de quinze ans et au conseil de famille qu'à l'âge de dix-huit ans fait fléchir toutes ces règles quand le mineur se marie avec leur consentement. De même, les ascendants autres que père et mère ne pourraient jamais émanciper directement le mineur puisqu'ils n'ont pas la puissance paternelle, et cependant en consentant au mariage, voilà qu'ils vont faire cesser un pouvoir dont l'exercice ne leur appartient pas. Ce qui revient à dire que les pères et mères, les autres ascendants et le conseil de famille ont le droit de conférer l'émancipation indirecte à tout âge où, même avec dispense, le mariage est possible. La faveur du mariage explique toutes ces anomalies, d'ailleurs on peut dire que dans l'émancipation tacite c'est la loi elle-même qui émancipe de plein droit.

Le mariage est le seul mode d'émancipation tacite consacré par le Code. On n'admet plus comme on le faisait dans l'ancien droit, l'émancipation résultant de l'âge, de l'habitation séparée et de la promotion à certaines charges, ce dernier mode surtout n'aurait plus aucune raison d'être aujourd'hui.

Un arrêt de la cour de Paris du 21 mars 1816 a décidé qu'une comédienne de profession était émancipée *par la loi* pour toutes les opérations relatives à son état. Heureusement, cette décision n'a pas fait jurisprudence. Aucun texte, aucun argument d'analogie ne peut être invoqué à l'appui, et juger de la sorte, ce n'est plus interpréter la loi, c'est la faire.

SECTION II.

De l'émancipation expresse.

L'émancipation expresse est celle qui résulte d'une déclaration faite par les personnes auxquelles la loi accorde le pouvoir d'émanciper le mineur. Cette déclaration peut émaner, tantôt du père ou de la mère, tantôt du conseil de famille.

§ 1. *De l'émancipation accordée par le père et par la mère.*

Cette hypothèse est prévue par l'art. 477: « Le » mineur, même non marié pourra être émancipé par » son père ou à défaut de père, par sa mère lorsqu'il » aura atteint l'âge de quinze ans révolus.

» Cette émancipation s'opérera par la seule déclara- » tion du père ou de la mère, reçue par le juge de paix » assisté de son greffier. »

Le Code permet au père et à la mère d'émanciper l'enfant à quinze ans révolus, sans distinction de sexe.

Il semble qu'à cet âge le mineur n'est encore guère à même de se gouverner seul, mais le législateur a compté sur l'affection et l'intelligence des parents pour apprécier si l'enfant jouit déjà d'une maturité d'esprit suffisante pour être émancipé sans danger. Si l'enfant a des biens propres, comme ordinairement ses père et mère en ont la jouissance légale, jouissance que l'émancipation fait cesser, ils trouveraient, même à défaut d'affection, dans leur intérêt personnel une puissante raison pour ne pas accorder l'émancipation prématurément. Au reste, l'enfant, par cela qu'il est émancipé, ne sera pas abandonné, il rencontrera toujours conseils et protection auprès de ses parents.

D'un autre côté, la loi n'a pas voulu donner aux père et mère le droit d'émanciper directement leur enfant avant l'âge de quinze ans, dans la crainte que, pour se soustraire aux devoirs de la puissance paternelle ou aux charges de la tutelle, ils ne fissent cesser trop tôt cette puissance. Le danger, si danger il y a, serait à craindre surtout pour le cas où les parents seraient privés de la jouissance des biens de l'enfant et voudraient se débarrasser du fardeau de l'administration légale.

La seule déclaration du père ou de la mère reçue par le juge de paix assisté de son greffier suffit pour opérer l'émancipation. Le juge de paix est là uniquement pour recevoir la déclaration, son rôle est un rôle passif, il n'a aucun pouvoir d'appréciation. Toutefois, comme l'émancipation est un acte solennel, aucun officier public autre qu'un juge de paix ne pourrait recevoir valablement la déclaration du père ou de la mère. Tout est ici de droit strict, même pour les conditions de forme. On n'admettrait donc plus aujourd'hui une émancipation faite par-devant notaire ni, à plus forte raison une émancipation par acte sous seing privé ou par testament.

La volonté du père ou de la mère doit être manifestée d'une façon expresse, le mot « *déclaration* » employé à dessein par le texte nous l'indique ; et cette exigence de la loi se comprend, puisque l'émancipation entraîne pour le père abdication d'un droit, or les renonciations ne doivent être admises qu'autant qu'elles sont faites dans les formes exigées par le législateur.

Enfin, ce mot *déclaration* nous montre que le père est le juge souverain et qu'à la différence de l'ancien droit, l'émancipation de l'enfant ne pourrait plus dans certains cas avoir lieu malgré le père. D'un autre côté, personne n'aurait le droit de s'opposer à l'émancipation, ni la mère, ni les autres ascendants, ni les créanciers et si une opposition était formée, le juge de paix ne pourrait pas la recevoir. La présence non plus que le consentement de l'enfant lui-même ne sont pas nécessaires.

Devant quel juge de paix l'émancipation doit-elle avoir lieu? La question est controversée. M. Demolombe soutient que le seul juge de paix compétent est celui du domicile du mineur. L'éminent jurisconsulte appuie sa solution sur ceci que telle est la règle générale en matière de tutelle et qu'il n'y a aucune raison de s'en écarter pour l'émancipation. Il argumente aussi de l'article 479 qui semble bien se référer exclusivement au

7

juge de paix du domicile du mineur, et de la plus grande facilité qu'auront les tiers à se renseigner sur la capacité du mineur.

Bien que cette opinion soit généralement admise, nous ne pouvons la suivre, et il nous semble plus rationnel de décider que tout juge de paix a compétence pour recevoir la déclaration du père ou de la mère. Ce qui nous frappe, ce sont d'abord les termes de l'article 470. En disant « *le juge de paix* », désignent-ils un juge plutôt qu'un autre? Nullement. Nous comprendrions le système de nos adversaires, si le juge de paix avait un pouvoir d'appréciation, mais nous avons vu que la loi ne lui en confère aucun, dès lors, quelle raison de ne pas reconnaître à un juge de paix quelconque compétence à l'effet de recevoir la déclaration. On oppose l'intérêt des tiers qui se renseigneront mieux si l'émancipation est faite devant le juge du domicile du mineur. Nous pouvons d'abord répondre que les registres de la justice de paix ne sont pas publics et que la déclaration n'est pas faite publiquement. Mais quand cela serait, y aurait-il là une raison suffisante pour faire annuler une émancipation reçue devant un autre juge, alors qu'aucun texte de loi ne prononce cette nullité, car remarquons-le bien, le système que nous combattons arrive forcément à cette conséquence tout à fait contraire aux intérêts du mineur et à la faveur due à l'émancipation. L'ancien droit était conforme à cette manière de voir: tout juge était compétent pour recevoir un acte d'émancipation; il est vrai que l'insinuation des lettres d'émancipation devait se faire au bureau du domicile du mineur et nous n'hésitons pas à reconnaître que le Code eût agi sagement en rendant publique l'émancipation, puisqu'elle intéresse les tiers, mais cette lacune ne nous autorise, en aucune façon, à prononcer la nullité d'un acte accompli conformément à la lettre de la loi.

Comme se rattachant à la question que nous venons de discuter, nous citerons un décret du 14 décembre 1870 qui, pendant la guerre de 1870, a autorisé la femme qui n'était pas en puissance de mari à faire sa déclaration d'émancipation devant le juge de paix de son domicile ou de sa résidence.

La loi ne défend pas d'émanciper l'enfant par mandataire, par conséquent nous devons admettre que l'émancipation pourra se faire par procuration, pourvu que celle-ci soit spéciale et authentique.

La preuve de l'émancipation résulte de l'insertion sur les registres du greffe de la justice de paix, mais que décider si ces registres sont perdus ou détruits ?

L'article 46 qui prévoit une situation analogue quand il s'agit de la perte des registres de l'état civil a fourni aux tribunaux une solution ; ils décident, qu'en pareil cas, l'émancipation peut, à raison de la force majeure, être prouvée par témoins et même par de simples présomptions. Cette jurisprudence nous paraît conforme aux principes généraux du Code.

Tant que le père et la mère vivent, c'est au père seul, en principe, qu'appartient le droit d'émanciper, parce que lui seul a l'exercice de la puissance paternelle. Et ce droit, il le conserve alors même que la séparation de corps aurait été prononcée contre lui. La question serait plus délicate si la garde de l'enfant avait été retirée au père contre qui la séparation a été obtenue parce que, dans ce cas, il semble que la mère doit avoir un certain droit de contrôle. Cependant, nous admettrions encore ici que le père seul peut émanciper, et nous refuserions à la mère le droit d'intervenir et de s'opposer à l'émancipation ; la puissance paternelle, en effet, n'appartient qu'au père durant le mariage et la séparation de corps ne dissout pas le mariage, elle ne fait qu'en relâcher les liens. Nous ne modifierons notre solution que dans le cas seulement où l'émancipation aurait été faite pour empêcher les effets du jugement qui enlèverait au père la garde de l'enfant. Dans cette hypothèse, si l'émancipation n'était pas utile, nous accorderions aux tribunaux le droit de la mettre à néant, sur la demande de la mère. L'émancipation, ici, aurait été faite, en réalité, pour éluder la loi, et tout acte fait en fraude de la loi doit être déclaré nul. On peut objecter, il est vrai, que la puissance paternelle subsiste et que les tribunaux ne peuvent intervenir. L'objection tombe devant cette considération que la justice ayant été obligée d'enlever au père la garde de l'enfant, un certain contrôle devient nécessaire, autrement l'enfant n'aurait plus de protection.

Mais un arrêt qui prononcerait la séparation de corps et ordonnerait le placement de filles mineures dans une maison d'éducation jusqu'à leur mariage ou leur majorité enlèverait-il par là même au père le droit de les émanciper ? La Cour de Rouen dont l'arrêt a été confirmé par la Cour de cassation, tout en reconnaissant la validité de l'émancipation, en restreint les effets, en ce sens que la décision des juges devra être suivie et que les enfants devront rester dans une maison d'éducation jusqu'à leur majorité ou leur mariage. Cette solution nous semble contradictoire, elle arriverait à créer une sorte d'émancipation à part, une émancipation restreinte que la loi n'entend pas consacrer puisqu'elle décide, au contraire, que l'émancipation a pour but de donner au mineur le gouvernement de sa personne. L'arrêt de la Cour de Rouen, suivant nous, viole ouvertement la loi. De deux choses l'une, ou bien l'émancipation a été faite en fraude de la loi et est contraire aux intérêts de l'enfant, alors que les tribunaux l'annulent, nous leur reconnaissons ce droit. Ou bien l'émancipation n'est pas contraire à l'intérêt des enfants, alors elle est valable et sort tous ses effets, sans que les tribunaux puissent les modifier.

Lorsque le père se trouve déchu de la puissance paternelle par application de l'article 335 du Code pénal; il se trouve par là également déchu du droit d'émanciper son enfant; la loi, il est vrai, ne le dit pas, mais cette conséquence s'impose, la cause cessant, l'effet doit forcément cesser. En pareil cas, le droit d'émanciper passera à la mère, puisque c'est elle qui se trouve investie de l'autorité paternelle; c'est du moins l'opinion généralement admise; on peut dire, en effet, que le père n'existe plus en ce qui concerne ce droit.

La question devient beaucoup plus difficile lorsqu'il s'agit, non plus d'une déchéance mais d'une impossibilité de la part du père de manifester sa volonté. Ce sont les mots de l'article 477 « *à défaut du père* » qui font naître la controverse. Faut-il entendre ces mots dans un sens large et accorder à la mère le droit de conférer l'émancipation si le père est absent ou interdit ? Ou bien ne peut-on les entendre que du cas où le père est mort ou déchu de la puissance paternelle ?

Quatre opinions différentes se présentent sur cette question.

Certains auteurs refusent à la mère tant que le mari est vivant le droit d'émanciper l'enfant; les mots « *à défaut du père* », selon eux, ne visent que le cas de décès du père; il ne peut, disent-ils, dépendre de la mère de modifier d'une façon définitive l'état de l'enfant au détriment de l'autorité paternelle qui, après tout, n'est pas éteinte. Ce système, on le voit, ne tient aucun compte de l'intérêt de l'enfant.

Une seconde opinion fait une distinction : L'enfant a-t-il moins de dix-huit ans, la mère ne pourra l'émanciper malgré l'interdiction ou l'absence du père. La raison en est, suivant les partisans de ce système, qu'il ne saurait être permis à la mère de dépouiller de son droit de jouissance légale le père interdit ou absent. L'enfant est-il, au contraire, âgé de plus de dix-huit ans, la même raison n'existant plus, il est juste, dans l'intérêt de l'enfant, de permettre à sa mère de l'émanciper. Du reste certains auteurs qui se rattachent à cette opinion sous-distinguent encore. C'est ainsi que Marcadé, par exemple, en cas d'absence déclarée du père, accorde à la mère le droit d'émanciper l'enfant, eût-il moins de dix-huit ans, parce que l'absence déclarée ressemble à la mort. Que si le père est interdit, la mère ne pourra émanciper l'enfant qu'autant qu'il aura atteint l'âge de dix-huit ans.

D'après une troisième opinion, il faudrait reconnaître à la mère dans tous les cas le droit d'émanciper l'enfant, toutefois, si celui-ci avait moins de dix-huit ans, l'émancipation ne ferait pas cesser la jouissance légale du père, mais produirait ses effets à tous autres égards.

Le quatrième système auquel nous nous rangeons sans hésiter, rejette toutes ces distinctions et donne à la mère le droit d'émanciper l'enfant dans tous les cas où le père se trouve dans l'impossibilité d'exercer la puissance paternelle, cette émancipation produisant absolument et sans aucune restriction les mêmes effets que si elle avait été conférée par le père.

Le droit ainsi accordé à la mère se justifie par plusieurs considérations très-puissantes tirées soit de l'esprit, soit du texte même de la loi. Et tout d'abord, il en est une que les partisans des différentes opinions exposées tout à l'heure nous semblent avoir complétement perdue de vue, c'est que le législateur moderne, en organisant la puissance paternelle, a eu beaucoup moins pour but l'avantage du père que la protection de l'enfant. Dès que cette protection cesse d'être utile et peut devenir une entrave, la loi semble inviter celui qui en est investi à s'en dessaisir quand bien même son intérêt pécuniaire devrait en souffrir. Cela est si vrai qu'elle fait finir l'usufruit légal à dix-huit ans dans la crainte que certains parents retenus par un motif de cupidité ne refusent d'émanciper leurs enfants uniquement pour ne pas se priver de la jouissance de leurs biens.

Puisque c'est donc surtout l'intérêt de l'enfant que l'on doit considérer quand il s'agit de l'émanciper, la mère n'est-elle pas tout aussi bien que le père à même de décider s'il est avantageux à son fils ou à sa fille d'être affranchi de la puissance paternelle ? Et paraît-il admissible que le Code, après avoir dans l'article 141 dit que « la mère des enfants mineurs dont le père a disparu en aurait la surveillance et exercerait tous les droits du mari quant à leur éducation et à l'administration de leurs biens », n'ait pas entendu lui accorder le droit de les émanciper quand elle les en jugerait capables ? Rien ne nous autoriserait à interpréter d'une façon si étroite l'article 141, tandis que, au contraire, des motifs graves nous engagent à conférer à la mère, quand elle exerce la puissance paternelle, des droits aussi larges que ceux du père. Les expressions de l'article 477 par leur généralité ne contredisent en rien notre système; ces mots « *à défaut du père* » ne peuvent-ils pas très-bien s'interpréter ainsi : *quand le père manque, quand le père fait défaut*, l'enfant pourra être émancipé par sa mère. L'article 2 du Code de commerce vient encore confirmer notre opinion : « Le mineur, dit-il, ne pourra faire le commerce s'il n'a été autorisé par son père ou par sa mère en cas de décès, absence ou interdiction du père. » On nous objecte, il est vrai, que la loi parle d'un mineur déjà émancipé; mais on peut répondre que l'article 2 en permettant à la mère d'autoriser son fils à faire le commerce, lui permet implicitement par le fait, de l'émanciper, sans quoi, l'autorisation ne signifierait rien.

Enfin, les conséquences même des systèmes qui contestent à la mère le droit d'émancipation lorsque le mari est interdit ou absent suffiraient à en montrer l'injustice. Ils aboutissent tous à faire supporter à l'enfant les suites de l'absence et de l'interdiction de son père, alors qu'il est peut-être de la dernière utilité pour lui d'être émancipé.

Nous avons montré que l'argument tiré de ce qu'il dépendrait de la mère d'enlever la jouissance légale au père absent ou interdit devait céder devant la considération plus forte de l'intérêt de l'enfant. Mais quand bien même encore cet argument aurait plus de valeur, il n'en devrait pas moins être écarté, car les enfants dont les père et mère sont en vie ont rarement des biens en propre et il serait peu rationnel de s'appuyer sur une hypothèse tout à fait exceptionnelle pour établir un principe destructif des droits de la mère.

Le motif sur lequel nous fondons notre solution étant principalement l'intérêt de l'enfant, nous ne distinguerons pas, comme quelques auteurs, entre l'absence présumée et l'absence déclarée, parce que l'utilité de l'émancipation peut apparaître, tout aussi bien dans la première que dans la seconde de ces deux périodes.

Lorsque le mariage est dissous, le droit d'émanciper l'enfant passe au survivant des père et mère qui l'exerce d'une façon absolue, sans que les tribunaux aient un pouvoir d'appréciation et de contrôle, le cas de fraude restant cependant toujours réservé. La jurisprudence qui reconnaît aux tribunaux d'une façon générale le droit d'intervenir si l'émancipation causait un préjudice matériel au moral au mineur oublie que la loi ne les a pas investis de la puissance paternelle.

Le père survivant qui a été destitué de la tutelle, la mère remariée qui n'a point été maintenue tutrice conservent-ils le droit d'émanciper leurs enfants ? Assurément, car la puissance paternelle et la tutelle sont deux ordres d'idées tout à fait distincts, l'exclusion ou la destitution de la tutelle n'entraîne, en aucune façon, la déchéance de la puissance paternelle. Jurisprudence et doctrine sont d'accord sur ce point.

Mais on peut se demander si la mère remariée a besoin de l'autorisation de son second mari pour émanciper ses enfants d'un premier lit ? La question a été vivement controversée, et un jugement du tribunal de Rennes, du 21 décembre 1840, l'a résolue affirmativement. Nous ne saurions admettre cette solution qui nous paraît entièrement contraire à l'esprit de la loi. La femme mariée, en effet, n'est incapable que dans les termes des articles 215 et 217, c'est-à-dire uniquement quand il s'agit de sa personne et de ses biens ; quant aux droits de famille, elle les conserve et peut les exercer sans le contrôle et l'autorisation de son mari. A quel titre interviendrait ici le second mari ? Serait-ce comme participant à la puissance paternelle ? Evidemment non, car il n'est que cotuteur et rien de plus. Serait-ce comme mari autorisant sa femme ? Non encore, puisque l'émancipation est un droit de famille et nous venons de voir que la femme mariée est tout à fait indépendante en ce qui touche l'exercice de ces sortes de droits. La femme remariée a des devoirs de mère à remplir vis-à-vis de ses enfants du premier lit et son nouveau mari, qui est pour eux un étranger, ne saurait intervenir dans l'exercice qu'elle en fait.

On peut encore se demander si le père ou la mère destitué de la tutelle ne peut plus désormais conférer à ses enfants l'émancipation que sous le contrôle des tribunaux. Il serait juste et désirable qu'il en fût ainsi, mais le législateur n'a rien dit à ce sujet, et comme il s'agit d'une déchéance d'un droit, l'interprète ne peut la prononcer. Cependant, s'il était reconnu que c'est uniquement dans le but de ressaisir une autorité et une influence, que les tribunaux lui avaient enlevées parce qu'il s'en montrait indigne, que l'époux survivant a émancipé son enfant, la justice aurait le droit d'annuler l'émancipation, car elle serait faite en fraude de la loi.

§ 2. *De l'émancipation accordée par le conseil de famille.*

Cette hypothèse est prévue par l'article 478 : « Le mi-
» neur resté sans père ni mère pourra aussi, mais seu-
» lement à l'âge de dix-huit ans accompli, être éman-
» cipé, si le conseil de famille l'en juge capable.

» En ce cas, l'émancipation résultera de la délibération
» qui l'aura autorisée, et de la déclaration que le juge
» de paix, comme président du conseil de famille, aura
» faite dans le même acte que le mineur est émancipé. »

Les mots : « *resté sans père ni mère* » de l'article sembleraient indiquer, si on les prenait à la lettre, que ce n'est qu'au cas de décès des père et mère que le mineur pourra être émancipé par le conseil de famille. Mais nous avons déjà vu que l'intérêt de l'enfant commande d'interpréter la loi dans un sens très-large ; aussi déciderons-nous que, non-seulement lorsque les père et mère sont décédés, mais encore lorsqu'ils ont perdu la puissance paternelle ou se trouvent dans l'impossibilité de l'exercer, le mineur pourvu qu'il ait dix-huit ans accomplis pourra être émancipé par le conseil de famille.

Cette solution ne souffre guère de difficulté lorsque les père et mère sont en état d'absence déclarée et même simplement présumée, car alors, il y a une tutelle au moins provisoire, et du moment que le mineur est en tutelle l'émancipation devient possible. En pareil cas, certains auteurs voudraient que la délibération du conseil de famille fût soumise à l'homologation du tritribunal qui apprécierait l'utilité de l'émancipation. Comme aucun texte n'appuie cette opinion, nous croyons devoir la rejeter.

Mais que faudrait-il décider si le père et la mère étaient tous les deux interdits ? Cette hypothèse ne se présente assurément pas souvent dans la pratique et c'est pourquoi le législateur ne l'a point prévue. La raison de douter, c'est que les père et mère existent, qu'ils ont conservé la puissance paternelle et que, de plus, la tutelle n'est pas ouverte. Si nous appliquons les textes, nous devrons forcément décider que le mineur ne pourrait pas être émancipé. Telle est la solution de Marcadé; selon cet auteur, l'émancipation ne peut être conférée au mineur par le conseil de famille aux termes des articles 478 et 479 qu'autant qu'il y a tutelle, or dans notre hypothèse le mineur n'est pas en tutelle, par conséquent il ne peut être émancipé.

Bien que ce système soit très-logique et conforme à la lettre du Code, nous éprouverions de la peine à l'admettre. Il y a certainement dans la loi sur ce point une lacune regrettable, mais les principes généraux ne nous permettent-ils pas de la combler? L'émancipation et la puissance paternelle existent surtout dans l'intérêt de l'enfant, or le mineur dont le père et la mère se trouveraient interdits en même temps n'a-t-il pas, plus que tout autre, besoin d'être émancipé? Les conseils et la protection d'un tuteur lui font même défaut, il est abandonné à lui-même et on ne lui reconnaîtrait pas le droit de se gouverner et de gérer ses biens quand même il en serait capable. On lui ferait, en quelque sorte, subir toutes les conséquences du malheur de ses parents! Est-ce admissible? Si les textes de la loi, par leur silence, semblent conduire à une telle conclusion, son esprit la repousse très-certainement comme étant en contradiction avec toutes les règles de la puissance paternelle et de l'émancipation.

Quand l'émancipation est conférée par le conseil de famille, le mineur doit être âgé de dix-huit ans accomplis, tandis que si elle est conférée par le père ou la mère elle peut avoir lieu à quinze ans. Pourquoi cette différence? Elle est facile à expliquer. La loi, pleine de confiance dans l'affection des pères et mères sait bien qu'ils n'accorderont à leurs enfants le bienfait de l'émancipation qu'autant qu'ils les jugeront capables de se conduire eux-mêmes; d'ailleurs, même après l'émancipation, ils sont toujours là pour veiller sur l'émancipé, l'aider de leurs conseils et lui servir de guides dévoués dans l'apprentissage qu'il fait de son indépendance. Il n'y avait donc aucun inconvénient à permettre aux parents d'affranchir de bonne heure leurs enfants de la puissance paternelle.

Tout autre est la situation du mineur resté sans père ni mère. Une fois que l'émancipation l'a fait sortir de tutelle, il se trouve livré à lui-même et son curateur ne peut certainement pas remplacer auprès de lui les conseils et le dévouement d'un père. Souvent même, ce curateur sera une homme indifférent qui pour s'éviter des ennuis préférera laisser le mineur gouverner ses affaires à son gré. Il importait donc, en ce cas, de ne conférer l'émancipation qu'à un âge où l'enfant aurait déjà une certaine maturité d'esprit. D'un autre côté, il était à craindre, dit Berlier, « qu'un simple tuteur, « pour se décharger de la tutelle, ne supposât à son » pupille une capacité précoce, qu'il ne le persuadât » au conseil et que l'émancipation ne devînt ainsi un » funeste abandon ». La loi a donc été très-sage de ne pas permettre au conseil de famille d'émanciper le mineur avant dix-huit ans accomplis.

L'émancipation mettant fin à la tutelle lorsque le mineur n'a plus ni père ni mère, il paraîtrait naturel de décider que le pouvoir de faire cesser l'autorité tutélaire appartient au tuteur, de même que c'est au père qu'appartient le droit de faire cesser la puissance paternelle. Le Code ne l'a point voulu, parce qu'il n'y a plus les mêmes garanties d'affection de la part du tuteur; il donne au conseil de famille, et non plus au tuteur, mission d'apprécier et de prononcer si le mineur est capable d'être affranchi de la tutelle. C'est dans la crainte que le tuteur guidé par son intérêt personnel ne soit tenté afin de se soustraire au fardeau de la tutelle d'émanciper l'enfant aussitôt ses dix-huit ans accomplis. Ce danger n'est pas à craindre de la part du conseil de famille qui juge d'une façon plus impartiale s'il est à propos d'émanciper le mineur et de le mettre à la tête de ses affaires. Mais c'est au tuteur à faire des diligences pour demander l'émancipation, s'il la croit utile ou nécessaire. Que si, retenu par le désir de conserver le plus longtemps possible les capitaux du pupille, ou même par simple négligence, le tuteur reste dans l'inaction, la loi donne aux plus proches parents, qu'ils fassent ou non partie du conseil de famille, le droit de requérir du juge de paix la convocation du conseil de famille à l'effet de provoquer l'émancipation de l'enfant. Tel est l'objet de l'article 479 : « Lorsque » le tuteur n'aura fait aucune diligence pour l'émanci- » pation du mineur dont il est parlé dans l'article » précédent, et qu'un ou plusieurs parents ou alliés » de ce mineur au degré de cousin germain ou à des » degrés plus proches, le jugeront capable d'être » émancipé, ils pourront requérir le juge de paix de » convoquer le conseil de famille pour délibérer à ce

» sujet. Le juge de paix devra déférer à cette réquisi-
» tion. »

Le juge de paix a-t-il le droit de convoquer d'office le conseil de famille afin de délibérer sur l'émancipation? La loi est muette et son silence s'explique parce que, habituellement, le juge de paix ne connaît pas le mineur et par conséquent ne sait point s'il est capable d'être émancipé. Que décider? La question revient à celle-ci : Le juge de paix pourrait-il punir d'une amende les personnes qu'il aurait convoquées d'office à l'effet de délibérer sur l'émancipation du mineur? Il est bien certain, en effet, que si les membres du conseil de famille avaient consenti à se rendre à cette convocation d'office et avaient prononcé l'émancipation, elle serait très-valable. Mais nous supposons qu'ils n'ont pas répondu à l'appel du juge de paix et qu'ils ont refusé de se réunir. Il nous paraît impossible en ce cas d'accorder au juge de paix le droit de les contraindre, aucun texte ne nous y autorise et, en cette matière, il n'est point permis à l'interprète de suppléer au silence de la loi. Du reste, le juge de paix a toujours la faculté d'avertir le conseil et d'attirer son attention sur l'émancipation, cela est bien suffisant.

Si le juge de paix était requis, soit par le mineur, soit par un parent d'un degré plus éloigné que celui de cousin germain serait-il forcé de déférer à cette réquisition et de convoquer le conseil de famille? Non, car la loi ne lui impose nulle part cette obligation, et l'énumération de l'article 479 étant limitative refuse par là même au mineur le droit de réquisition. Mais nous n'allons pas, ainsi que le font certains auteurs, jusqu'à contester au mineur la faculté d'inviter le juge de paix à convoquer le conseil de famille ; ce magistrat tiendra le compte qu'il jugera convenable de la demande du mineur et le conseil de famille, de son côté, s'il est convoqué sur une semblable réquisition appréciera, s'il y a lieu de se réunir pour délibérer sur l'émancipation. Le système que nous exposons ne présente aucun inconvénient et peut être très-avantageux pour le mineur. Il arrive souvent, en effet, que les membres du conseil de famille et le tuteur négligent de s'occuper d'émanciper le mineur qui, cependant, est capable de gérer ses affaires ; l'avis du juge de paix aura le bon résultat de les faire sortir de leur indifférence.

Le subrogé tuteur n'a pas le droit de faire convoquer le conseil de famille pour l'émancipation du mineur, néanmoins, il paraît naturel qu'il puisse avertir le juge de paix ; il serait même à désirer qu'un texte lui permît de requérir du juge de paix la convocation du conseil, un tel pouvoir devrait, selon nous, rentrer expressément dans ses attributions. Il est bien entendu, au reste, que si le subrogé tuteur est parent du mineur au degré de cousin germain ce droit de réquisition lui appartient.

Quant au protuteur, comme il n'a ni la garde, ni l'éducation du mineur et que son éloignement ne lui permet pas d'apprécier sa capacité, on comprend que le pouvoir de requérir la convocation du conseil de famille ne lui soit pas accordé.

Il faut également refuser ce droit au ministère

public qui, dans les causes du mineur, n'agit que comme partie jointe.

Dans quelles formes s'opère l'émancipation conférée par le conseil de famille?

L'article 478 nous l'indique : « L'émancipation ré-
» tera de la délibération qui l'aura autorisée et de la
» déclaration que le juge de paix comme président du
» conseil de famille aura faite dans le même acte que
» le mineur est émancipé. »

Pourrait-on attaquer la délibération du conseil de famille qui aurait accordé ou refusé l'émancipation, ou bien faut-il dire que cette délibération est souveraine? La question est controversée. La Cour de Toulouse (22 février 1854) admet le recours devant les tribunaux. Cette jurisprudence nous paraît erronée : le conseil de famille tient ici la place du père et de la mère, il exerce relativement à l'émancipation la puissance paternelle, en quelque sorte, et, dès lors, sa décision doit être soustraite au contrôle des tribunaux. L'arrêt de la Cour de Toulouse amoindrit sans aucun motif l'autorité des délibérations du conseil de famille.

Où le conseil de famille doit-il être convoqué? Aucun texte ne répond à cette question. La réunion doit se faire au domicile de la tutelle, mais ce domicile reste-t-il invariablement celui du lieu où la tutelle s'est ouverte? La majorité des auteurs et la jurisprudence tiennent pour l'affirmative. Nous ne partageons pas cette opinion. Il nous semble que si l'on ne veut pas que l'émancipation soit conférée un peu en aveugle, il faut appeler pour juger si le mineur en est digne les personnes qui le voient plus souvent, qui connaissent sa conduite et peuvent apprécier sa capacité. Or, pour faire cette appréciation, les parents ou même les amis qui sont sur les lieux ne se trouvent-ils pas plus compétents que des parents peut-être plus proches en degré mais qui n'habitant pas la même localité porteraient un jugement beaucoup moins sûr et seraient plus facilement trompés?

CHAPITRE II.

DES EFFETS DE L'ÉMANCIPATION.

L'émancipation fait cesser la puissance paternelle et le pouvoir tutélaire; elle confère, en outre, au mineur une certaine capacité relativement à sa personne et relativement à sa fortune.

SECTION I

Des effets de l'émancipation quant à la personne du mineur.

Puisque le mineur, par l'émancipation, se trouve affranchi soit de la puissance paternelle, soit de l'autorité tutélaire, il cesse, par là même, d'être soumis au droit de garde, de correction et de jouissance légale. Devenu maître de sa personne, c'est lui qui désormais plaide, contracte et figure dans les actes de la vie civile. Il peut quitter la maison paternelle, se choisir un domicile, louer ses services ou son industrie, prendre une profession quelconque, excepté celle de commerçant, en un mot, se gouverner comme bon lui semble.

Cependant, il est certains droits qui continuent d'appartenir aux père et mère et dont plusieurs survivent à la majorité de l'enfant; ces droits-là, l'émancipation ne leur porte aucune atteinte. C'est ainsi que l'enfant ne peut à aucun âge se marier sans avoir obtenu le consentement ou, du moins, demandé le conseil de ses père et mère (art. 148 à 153) ou à leur défaut de ses ascendants.

De même, le fils qui n'a pas vingt-cinq ans accomplis a besoin du consentement de ses père et mère ou autres ascendants pour entrer dans les ordres sacrés (Décret du 28 février 1804, art. 4). Et la fille tant qu'elle n'a pas vingt et un ans, même émancipée, n'est admise à prononcer des vœux dans une congrégation religieuse qu'autant qu'elle rapporte le consentement de ses père et mère ou autres ascendants (Décret du 18 février 1809, art. 7).

Si le mineur émancipé n'a plus ni père ni mère, ni ascendants, tant qu'il n'aura pas atteint sa majorité, il ne pourra contracter les divers engagements dont nous venons de parler, sans y être autorisé par le conseil de famille.

Le mineur émancipé, peut-il sans le consentement de ses parents prendre du service dans l'armée à l'âge requis par les règlements militaires (art. 32, Loi de 1832 et art. 46 6° Loi du 27 juillet 1872)? Nous le pensons. D'abord, parce que l'émancipation permettant au mineur de quitter la maison paternelle, le soustrait à la garde et à la direction de ses parents et lui donne le droit de choisir un état. Une autre considération non moins puissante, c'est la faveur avec laquelle la loi considère l'engagement militaire. En veut-on la preuve? Le mineur quand il a atteint l'âge de vingt ans, c'est-à-dire avant sa majorité, peut s'engager sans le consentement de ses parents, c'est que l'engagement militaire est utile au pays et qu'il y va de l'intérêt de la nation que l'armée se recrute facilement.

Le seul argument qu'on puisse nous opposer, c'est l'article 32 n° 5 de la loi de 1832 qui oblige le mineur de moins de vingt ans à rapporter le consentement de ses père et mère pour pouvoir s'engager. Mais nous répondrons que ce texte ne vise que le cas d'un mineur non émancipé; pour s'en convaincre, il suffit de lire l'article jusqu'au bout, il exige le consentement des père et mère ou tuteur, or le mineur émancipé n'est plus en tutelle, donc cette disposition ne s'applique pas à lui.

SECTION II.

Des effets de l'émancipation quant aux biens.

L'émancipé acquiert le droit d'administrer sa fortune, cependant, comme il est toujours mineur, il y aurait imprudence à lui laisser le libre exercice de ses droits; aussi, le Code ne lui a-t-il accordé qu'une demi-capacité, sa situation est celle du mineur de vingt-cinq ans dans le droit romain, on lui adjoint un curateur. Nous verrons même que pour certains actes importants, l'assistance de ce curateur n'est pas suffisante.

Nous diviserons cette section en trois paragraphes. Dans le premier nous parlerons du curateur de l'émancipé; dans le second nous traiterons de la capacité du mineur émancipé; enfin dans le troisième nous dirons quelques mots du mineur émancipé qui a été autorisé à faire le commerce.

§ 1. *Du curateur de l'émancipé.*

Le Code ne parle de la nomination du curateur qu'une seule fois, et encore incidemment à propos de la reddition du compte de tutelle.

« Le compte de tutelle, dit l'article 480, sera rendu » au mineur émancipé assisté d'un curateur qui lui » sera nommé par le conseil de famille ». Mais le conseil de famille aura-t-il seul le droit de nommer le curateur et quelle sera la responsabilité de ce curateur? Sur ces points-là, comme sur beaucoup d'autres, la loi est muette. Ce laconisme regrettable a donné lieu à une foule de questions controversées, ainsi que nous le verrons bientôt.

Remarquons tout d'abord qu'il y a une grande différence entre l'autorité du curateur et celle du père ou du tuteur. Le mineur soumis à la puissance paternelle ou à la tutelle est incapable, ce n'est pas lui qui exerce ses droits, c'est son tuteur ou son père qui agit, qui le représente ; quant à lui il est complétement effacé. Le mineur émancipé, au contraire, ne se trouve plus en puissance, il agit en personne, son curateur ne le remplace pas, il ne fait que l'assister et encore uniquement dans les cas où la loi l'exige ; on peut dire de ce curateur ce qu'on disait à Rome du tuteur « *auctor est* », il complète la personnalité juridique de l'émancipé.

Puisque le curateur n'administre pas, il n'est pas soumis à l'obligation de rendre des comptes, les articles 472, 475 et 907 ne sauraient lui être déclarés applicables et ses biens ne sont pas grevés d'une hypothèque légale. Mais de ce que le curateur n'est point comptable, n'allons pas conclure qu'il ne puisse être recherché à l'occasion de ses fonctions par le mineur émancipé. La responsabilité du curateur se trouvera engagée très-certainement toutes les fois qu'il se sera rendu coupable de dol ou d'une faute grave assimilée au dol, cela n'est pas douteux ; bien plus, lorsque la loi impose au curateur de prendre en main l'intérêt du mineur et de ne pas jouer simplement le rôle d'assistant, comme, par exemple, au cas de l'article 482 où il est chargé de surveiller l'emploi d'un capital reçu par le mineur assisté de lui, sa simple négligence lui ferait encourir des dommages-intérêts, aux termes des articles 1382 et 1383.

La nomination du curateur est surtout nécessaire pour la réception du compte de tutelle, mais elle n'est pas spéciale pour cet acte ; en principe, le curateur est nommé pour toute la durée de la curatelle et pour toutes les affaires du mineur émancipé. Cependant, il y aurait un cas où le conseil de famille devrait nommer un curateur *ad hoc* pour recevoir le compte de tutelle, c'est si le tuteur avait été nommé curateur, et il est très-rationnel d'accorder ce droit au conseil de famille, car autrement, on serait arrivé à ce résultat très-fâcheux d'exclure forcément de la curatelle soit le père qui aurait administré les biens de son fils pendant le mariage, soit le père ou la mère survivant qui aurait géré la tutelle et généralement quiconque aurait été tuteur.

D'ailleurs, bien que la loi ne le dise pas, toutes les fois que les intérêts du curateur sont en opposition avec ceux du mineur émancipé, il devient nécessaire de le remplacer par un curateur *ad hoc* qui assistera le mineur dans le cas particulier. Telle était la règle romaine (§ 3, *de Auctorit. tutor.* Instit.) et le bon sens commande de la suivre.

La curatelle établie par l'article 480 est une curatelle dative, mais ce texte exclut-il une curatelle légale et une curatelle testamentaire et veut-il dire que le conseil de famille seul a le droit de nommer un curateur à l'émancipé ?

Quant à une curatelle légale, avant d'entrer dans l'examen des systèmes qu'a soulevés cette question délicate, écartons d'abord deux hypothèses sur lesquelles la doctrine et la jurisprudence sont d'accord. On admet généralement que le mari est de droit le curateur de sa femme mineure. Cette solution imposée par les convenances n'est d'ailleurs que la conséquence du principe général établi par l'article 213; l'ancien droit la consacrait déjà et l'article 2208 la sous-entend d'une façon très-claire. Aux termes de cet article, l'expropriation des immeubles de la femme qui ne sont point entrés en communauté, se poursuit contre le mari et la femme, laquelle, au refus de son mari de procéder avec elle, ou, si le mari est mineur, peut être autorisée de justice. Pourquoi contre le mari, si celui-ci ne remplissait pas le rôle de curateur? La fin de l'article ne laisse, du reste, aucun doute : « En cas de minorité du mari et » de la femme ou de minorité de la femme seule, si » son mari majeur refuse de procéder avec elle, il est » nommé par le tribunal un tuteur à la femme, contre » lequel la poursuite est exercée. » Le mot « *tuteur* » est impropre, la loi a voulu dire *curateur* puisque la femme mariée est émancipée, mais cette expression prouve que si le mari est majeur et consent à assister sa femme, c'est lui qui est désigné, avant tout autre, par la loi pour remplir le rôle de curateur de sa femme mineure. Le tribunal de la Seine, par un jugement du 2 décembre 1853 et la Cour de Cassation par un arrêt de rejet du 4 février 1868 ont même décidé que cette règle était d'ordre public et que la délibération d'un conseil de famille nommant à la femme mineure un curateur autre que son mari devrait être annulée (1).

(1) La Cour d'Aix, dans un arrêt tout récent, vient encore de confirmer cette jurisprudence, en décidant que la femme mariée mineure ne ne peut toucher un capital mobilier qu'avec l'assistance (et non l'autorisation) de son mari comme curateur, et que l'autorisation de justice ne peut y suppléer (V. *Le Droit, du 20 juin* 1877).

Si nous insistons sur la question, c'est qu'un auteur très-

L'article 506, en déclarant que le mari est de plein droit le tuteur de sa femme interdite nous fournirait, s'il en était besoin, un argument décisif, car il y a analogie entre les deux hypothèses.

Mais aucun texte ne conférant à la femme soit directement, soit indirectement, la qualité de curatrice de son mari mineur, ce serait aller contre l'esprit de la loi que de confier à la femme cette curatelle; ce serait bouleverser tous les principes du Code sur la puissance maritale.

Par les mêmes motifs, nous refuserions même au conseil de famille le droit de donner la femme majeure pour curatrice de son mari mineur, il nous paraît inutile d'insister sur ce point.

Le second cas de curatelle légitime est prévu formellement par un texte. D'après l'article 5 de la loi du 15 pluviôse an XIII, les enfants trouvés ou abandonnés, placés dans les hospices, lorsqu'ils sont émancipés ont de plein droit pour curateur le receveur de l'hospice.

Les deux hypothèses de curatelle légale que nous venons d'indiquer étant mises de côté, nous avons à nous demander s'il y a dans le Code une curatelle légitime, comme il y a une tutelle légitime.

Quelques auteurs, sans établir de distinctions, se prononcent purement et simplement pour l'affirmative, et, faisant à la curatelle l'application des règles établies en matières de tutelle, déclarent que les père et mère

recommandable, M. Laurent, professeur à l'Université de Gand, a cherché à combattre la doctrine et la jurisprudence que nous soutenons. (*Principes de Droit civil, tome 5, page 234, n° 209.*)

et, à leur défaut, les ascendants sont de plein droit curateurs de leurs enfants émancipés (art. 390, 402 et 404). Ce système invoque comme argument l'identité de motif entre les deux cas de tutelle et de curatelle. Quelle raison, disent ses partisans, y aurait-il de ne pas déférer de plein droit au père, à la mère et aux ascendants les fonctions de curateurs, alors que la loi leur confie les fonctions beaucoup plus importantes de tuteurs; il ne serait pas juste et pas logique après avoir imposé aux parents l'obligation de représenter l'enfant et d'agir pour lui, de pouvoir confier à d'autres le droit de l'assister et de le conseiller. Si le Code a gardé le silence à cet égard, c'est la meilleure preuve qu'il entendait se référer aux règles de la tutelle. L'article 480, il est vrai, parle de la nomination d'un curateur par le conseil de famille, mais il ne faudrait point voir dans ce texte une règle générale; le curateur ainsi nommé est un curateur spécial, un curateur *ad hoc* pour recevoir le compte de tutelle, car il est bien évident que le père ou l'ascendant, curateur légitime, qui le plus souvent a géré la tutelle ne peut assister le mineur pour la réception de son compte puisque c'est lui-même qui rend ce compte.

Dans un second système, on donne de plein droit la curatelle au père et à la mère, mais à eux seulement; quant aux autres ascendants, ils ne sont pas curateurs légitimes. Cette opinion revient à dire que ceux-là seulement qui ont le droit d'émanciper l'enfant sont de plein droit ses curateurs.

Les partisans d'un troisième système, tout en reconnaissant une curatelle légale, n'admettent à l'exercer que le père seul ; ni la mère, ni les autres ascendants ne seraient curateurs légitimes. Une telle doctrine se réfute par elle-même, elle repose uniquement sur l'arbitraire.

Marcadé fait une distinction : le mineur a-t-il été émancipé pendant le mariage par son père ou, à défaut de père, par sa mère, la curatelle appartiendra de droit à celui qui aura émancipé l'enfant. Cette proposition se justifie, d'une part, par l'inconséquence inqualifiable qu'il y aurait à ne pas donner *de plano* au père ou à la mère investi jusqu'alors de la puissance paternelle le droit d'assister et de diriger l'enfant qu'il vient d'affranchir de cette puissance. D'autre part, cette opinion invoque le texte de l'article 480 qui ne reconnaît au conseil de famille le droit de nommer le curateur qu'autant qu'il s'agit de la reddition du compte de tutelle ; or, ici, il n'y a pas de compte de tutelle à rendre, puisque la tutelle n'est pas ouverte ; l'article 480 n'est donc plus applicable. Au contraire, l'émancipation a-t-elle été conférée au mineur après la dissolution du mariage, même par le survivant des père et mère, l'article 480 s'oppose à ce qu'il y ait curatelle légitime ; le survivant des père et mère étant tuteur doit rendre compte aussitôt que cessent ses fonctions et dès lors, il ne peut plus être question que d'un curateur datif.

Enfin, un cinquième système décide qu'il n'y a jamais de curatelle légitime ; le père lui-même, qu'il ait émancipé l'enfant pendant le mariage ou après sa dissolution ne sera curateur légal que si le conseil de famille l'investit de cette fonction. C'est cette dernière opinion qui nous paraît la plus sûre. En effet, pour admettre la curatelle légitime, il faudrait un texte, or nous ne trouvons dans le Code aucune disposition qui attribue aux pères et mères la curatelle de leurs enfants émancipés, tandisque nous avons un texte formel, l'article 480 qui établit une curatelle dative. Si cet article n'existait pas, nous comprendrions, jusqu'à un certain point, qu'on invoque le silence de la loi pour déclarer applicables à la nomination du curateur les règles de la tutelle, mais le Code dont on peut regretter l'insuffisance sur plusieurs points de notre matière ne mérite pas ici ce reproche, il prend soin de nous dire que le curateur sera nommé par le conseil de famille. Et qu'on ne dise pas que l'article 480 n'a voulu s'occuper que de la nomination d'un curateur *ad hoc*, l'historique de la rédaction vient démentir cette assertion. D'après l'article 84 du projet, le tuteur sortant de charge devenait de plein droit curateur du mineur émancipé. Cette disposition fut rejetée et remplacée par notre article 480, afin, disaient les rédacteurs, de dissiper jusqu'au plus léger doute.

Enfin, une dernière considération qui n'est pas sans valeur vient à l'appui de l'opinion que nous défendons : l'article 480 est le seul qui parle de la nomination d'un curateur, et il dit qu'il sera nommé par le conseil de famille, eh bien, à partir de cet article, tous les autres qui suivent partent de cette idée que le curateur est déjà nommé et en fonctions (art. 482, 840, 935). Qu'en conclure, sinon que la curatelle est toujours dative, puisque la loi suppose que le curateur a gardé sa charge une fois qu'elle lui a été confiée par le conseil de famille.

Une autre question se présente : Y a-t-il une curatelle testamentaire ? Si nous avons été amené à repousser une curatelle légitime, à plus forte raison, devons-nous refuser au dernier mourant des père et mère le droit de nommer un curateur par testament à son fils émancipé. Les textes sont muets et l'interprète ne peut pas suppléer à leur silence. On nous opposera, peut-être, un argument d'analogie tiré de la tutelle. Il est facile d'y répondre : lorsque le père dans son testament nomme un tuteur à son fils, il ne fait qu'exercer un droit que lui confère expressément la loi. En serait-il de même s'il désignait un curateur à son fils émancipé ? Evidemment non, car à supposer que le père soit curateur, il a reçu cette mission du conseil de famille, il ne l'exerce que comme mandataire de ce conseil et ne peut la déléguer à un autre ; le père mort, le conseil de famille reprend son droit de nomination.

A plus forte raison, le père ou la mère n'aurait-il pas le droit de nommer le curateur en consentant l'émancipation.

De tout ce que nous venons de dire faudrait-il tirer cette conséquence que le père, la mère ou les ascendants ne doivent pas être nommés curateurs de leurs enfants émancipés ? Nullement, et il arrivera presque toujours, en fait, que le même résultat se produira que s'il y avait curatelle légitime, mais ce que nous voulons établir, c'est que le conseil de famille est juge souverain et que la loi lui laisse la plus grande liberté pour nommer le curateur; s'il écarte le père, celui-ci n'aura aucun recours contre la délibération qui l'exclut.

Quel est le juge de paix compétent pour convoquer le conseil de famille à l'effet de nommer le curateur au mineur émancipé, et où, par conséquent, ce conseil doit-il être formé et convoqué?

Suivant Marcadé, « pendant l'émancipation, la » compétence du juge de paix et, par suite, le siége » et la composition du conseil de famille suivraient le » domicile du mineur, tant qu'il n'y a pas eu nomina- » tion du curateur; du moment qu'un curateur a été » nommé par le conseil, le siége de ce conseil doit » rester invariable. »

La Cour de Cassation dont l'opinion est admise par la majorité des auteurs rejette cette distinction; elle a jugé que c'est au conseil de famille du domicile de l'ouverture de la tutelle, seul, qu'il appartient de nommer le curateur à l'émancipé et que ce domicile est exclusivement attributif de compétence pour le juge de paix chargé de convoquer le conseil. Telle est, dit la Cour souveraine, la règle en matière de tutelle et il ne peut pas dépendre du tuteur de changer la compétence du juge de paix et la composition du conseil de famille en changeant de domicile. Or, quelle raison y aurait-il de ne pas faire l'application de cette règle à l'émancipation. L'émancipation est la suite de la tutelle, elle donne, comme elle, naissance à la réunion d'un conseil de parents et d'amis chargés de protéger le mineur et pour que cette protection soit efficace, il ne faut pas que le mineur émancipé puisse à son gré changer le siége du conseil de famille, en allant se fixer ailleurs.

D'autres auteurs à l'opinion desquels nous préférons nous rattacher décident que le conseil de famille doit être convoqué au domicile actuel du mineur ; cette solution est conforme à la nature de la curatelle qui n'exige que d'une façon accidentelle l'intervention, soit du conseil de famille, soit du curateur, et qui laisse libre le mineur de choisir le domicile qui lui convient. « Puisque la loi est muette, dit M. Laurent, n'est-il pas plus juridique de s'en tenir au principe général d'après lequel tous les actes extra-judiciaires se font au domicile de la personne qu'ils concernent? »

La loi n'ayant imposé à personne l'obligation de requérir la convocation du conseil de famille à l'effet de nommer le curateur, l'analogie de motifs doit nous faire admettre qu'elle a entendu se référer aux règles établies pour la tutelle. Nous reconnaîtrons donc ce droit de réquisition aux parents du mineur, à ses créanciers, au juge de paix et généralement à toute partie intéressée. Et comme le mineur émancipé se trouve au nombre des personnes intéressées, nous lui reconnaîtrons le même droit (art. 406).

La tutelle est une charge obligatoire, en est-il de même de la curatelle ? L'article 1370 qui donne une énumération des fonctions qui ne peuvent être refusées ne parle pas de la curatelle, car on ne peut ranger le curateur au nombre *des administrateurs* autres que le tuteur, puisque le curateur n'administre pas ; on pourrait donc argumenter de ce texte pour répondre négativement à notre question. Cependant cette conclusion nous paraîtrait inadmissible. D'abord la curatelle répond au même but que la tutelle dont elle est un diminutif, à savoir de protéger une personne qui en a besoin. L'intérêt social se trouve donc engagé. Ensuite si l'on refuse à la curatelle un caractère obligatoire, on arrive à ce résultat que le mineur émancipé pourrait se trouver sans curateur, ce que la loi n'a certainement pas voulu. Concluons donc que la curatelle est une charge tout aussi obligatoire que la tutelle.

Le Code est également muet sur les causes d'incapacité, d'exclusion, de destitution et d'excuses du curateur, faut-il les régir d'après les règles de la tutelle ?

Quant aux incapacités et aux exclusions, à défaut de texte le bon sens impose qu'on leur fasse l'application des principes posés en matière de tutelle. Comprendrait-on qu'un mineur ou qu'un interdit soit nommé curateur ? Peut-on supposer que la loi permette de conférer la curatelle à un homme condamné à une peine afflictive ou infamante ? Poser la question, c'est, par là même, la résoudre. Du reste, les articles 34 et 42 du Code pénal ne peuvent laisser subsister aucun doute à cet égard.

En ce qui concerne les causes d'excuses, plusieurs auteurs laissent un pouvoir d'appréciation au conseil de famille, en se fondant sur cette idée que les fonctions du curateur sont bien moins difficiles et moins onéreuses que celles du tuteur et que, dès lors, il n'y a plus lieu de raisonner par analogie. Malgré la valeur de cette considération, nous donnerons au curateur le droit d'invoquer les causes d'excuses qui sont établies pour le tuteur. D'abord il y aurait de l'arbitraire à laisser le conseil de famille seul juge et seul appréciateur en cette matière. D'un autre côté, nous trouverions une certaine inconséquence de ne plus nous en rapporter aux règles de la tutelle sur les excuses, après avoir adopté ces règles quand il s'agissait d'incapacité, d'exclusion et de destitution du curateur.

§ 2. *De la capacité du mineur émancipé.*

L'émancipation en conférant au mineur l'administration de ses biens, ne lui laisse pas cependant une liberté complète et le législateur a mesuré sa capacité d'après le degré d'importance des actes que nécessite la vie civile. Afin de déterminer l'étendue de la capacité du mineur émancipé nous distinguerons quatre sortes d'actes :

1° Les actes que le mineur émancipé peut faire seul et sans autorisation ;

2° Les actes qu'il peut faire avec la seule assistance de son curateur ;

3° Les actes pour lesquels il reste soumis aux mêmes règles qu'un mineur non émancipé ;

4° Les actes qui lui sont complétement interdits.

I Actes que le mineur émancipé peut faire seul et sans autorisation

L'article 481 pose la règle : « Le mineur émancipé » passera les baux dont la durée n'excédera point » neuf ans; il recevra ses revenus, en donnera dé- » charge et fera tous les actes *qui ne sont que de pure* » *administration* sans être restituable contre ces actes » dans tous les cas où le majeur ne le serait pas lui- » même. »

Il est un autre article dans le Code qui confère à une personne également incapable l'administration de ses biens, nous voulons parler de l'article 1449, on pourrait donc, ce semble, comparer la situation de la femme séparée de biens avec la situation du mineur émancipé et croire qu'il y a analogie entre les deux cas. De même, en effet, que par l'émancipation, le mineur acquiert une demi-capacité, de même la séparation de biens confère à la femme une certaine indépendance. L'un comme l'autre peuvent administrer leurs propres biens sans aucune autorisation et ils n'ont à rendre compte à personne de leur gestion. Mais voici la grande différence : l'incapacité de la femme ne tenant qu'à sa qualité de femme marié, la séparation de biens fait précisément cesser cette incapacité, du moins, quant à l'administration ; l'incapacité du mineur, tient au contraire, à son âge et l'émancipation ne fait que la diminuer. Aussi le Code a-t-il soin de ne pas employer la même rédaction quand il parle du mineur émancipé, il ne lui donne le droit de faire que les actes de *pure administration*, tandis qu'il dit de la femme séparée qu'elle reprend la *libre administration* de ses biens, indiquant par là qu'elle a un pouvoir beaucoup moins limité.

Le sens restrictif des mots « *actes de pure administration* » nous montre également qu'il ne faudrait pas mesurer la capacité du mineur émancipé sur l'étendue des pouvoirs conférés au tuteur du mineur non émancipé. D'après l'article 450, « le tuteur administre les biens du pupille en bon père de famille », et, en cette qualité, il peut faire, même dans les limites d'une très-large administration, tout ce qui ne lui est pas expressément interdit. Et cela se comprend, parce que le tuteur est un majeur qui a la jouissance et l'exercice de tous ses droits, tandis que le mineur émancipé est un incapable.

A certains égards, cependant, on pourrait croire que l'émancipé a des pouvoirs plus larges que ceux du tuteur, mais on remarquera que dans ces cas-là, le mineur se trouve assisté de son curateur qui vient compléter sa capacité ; il serait donc inexact de soutenir que la capacité du tuteur est plus restreinte que celle du mineur émancipé.

Ainsi, le mineur émancipé ne peut faire que les actes de pure administration, c'est-à-dire conserver et faire fructifier son patrimoine. En conséquence, il a le droit, comme le tuteur, de passer les baux dont la durée n'excédera point neuf ans ; si le bail était consenti pour une période plus longue, on le réduirait à cette limite, par application des articles 1429, 1430 et 1718 qui régissent les mineurs, sans distinguer s'ils sont émancipés ou encore en tutelle.

La combinaison de ces trois articles doit également nous faire décider que le mineur émancipé ne pourrait renouveler les baux plus de trois ans avant l'expiration du bail courant, s'il s'agit de biens ruraux et plus de deux ans, s'il s'agit de maisons.

Le tuteur peut toucher, par avance, le montant des loyers ou fermages dus à son pupille, devons-nous décider de même quant au mineur émancipé ? Non, car alors il ne ferait plus un acte de pure administration. Pourquoi, en effet, la loi lui défend-elle de toucher ses capitaux sans être assisté de son curateur ? C'est qu'elle craint qu'il n'en fasse un mauvais emploi et ne les dissipe en un instant. Le même danger étant à redouter si le mineur pouvait toucher ses revenus avant les échéances, la logique impose de ne lui permettre de le faire qu'avec l'assistance de son curateur. Au surplus, ces revenus touchés en une fois constituent un véritable capital et c'est l'article 482 qui devient applicable.

Du moment que le mineur émancipé peut recevoir ses loyers, fermages, revenus, intérêts et arrérages de rentes, il va de soi, non-seulement, qu'il peut, mais qu'il doit « *en donner décharge*, » c'est-à-dire quittance, autrement le débiteur ne voudrait pas payer. En ajoutant ces mots l'article 481 a dit une chose inutile.

Le mineur émancipé n'a pas le droit de faire une

donation, par conséquent, il ne peut pas faire remise à son fermier ou à son locataire de tout ou partie du prix de bail, et la décharge qu'il donnerait en dehors des limites de ce qu'il a reçu serait nulle. Mais il faut lui reconnaître cependant le droit de consentir à son fermier une diminution de fermage dans les cas prévus par les articles 1769 et 1770.

Dans les pouvoirs d'administration de l'émancipé, nous devons, en outre, comprendre le droit de vendre ses récoltes, l'excédant de ses cheptels, les produits de son travail ou de son industrie et même ses bois, s'ils sont mis en coupes réglées.

D'un autre côté, le mineur émancipé peut prendre à loyer ou à ferme les biens d'autrui, pourvoir à l'entretien de sa maison, acheter des meubles, louer des domestiques et des ouvriers, faire les dépenses nécessaires à la conservation de ses biens comme, par exemple, les frais de transcription, d'inscription, d'assurances contre l'incendie, etc... Il peut faire des réparations d'entretien et même de grosses réparations sur ses immeubles, mais, à la différence du tuteur, il ne lui est pas permis d'entamer son capital à cet effet sans y être autorisé par son curateur, car alors il ferait seul emploi de ses capitaux, et ce serait contraire à l'article 482 et à l'esprit du Code qui ne veut pas que le mineur émancipé dépense plus que ses revenus.

La plupart des auteurs enseignent que le mineur émancipé peut aliéner seul ses meubles coporels. A l'appui de ce système, on peut invoquer un argument très-grave tiré *a contrario* de l'article 484. Ce texte dit que le mineur émancipé ne peut vendre *ses immeubles*, sans observer les formes prescrites au mineur non émancipé, ce qui semblerait prouver que le législateur a entendu laisser au mineur une pleine capacité pour aliéner ses meubles corporels. Cette interprétation se trouverait jusqu'à un certain point justifiée par le vieux brocart : *Mobilium vilis possessio*, et par l'article 1449 qui donne à la femme séparée de biens le droit de vendre son mobilier ; or la situation juridique de la femme séparée de biens a de l'analogie avec celle du mineur émancipé.

Malgré l'autorité des défenseurs de cette opinion et la force de leurs arguments, nous ne sommes pas convaincu et le système qui soutient le principe de la validité de la vente de ses meubles corporels par le mineur méconnait, selon nous, les principes du Code sur les pouvoirs de l'émancipé.

Mais pour le réfuter, nous ne tirerons pas, comme le fait Troplong, de l'article 482 une conséquence qui assurément est exagérée et aboutirait à des résultats inadmissibles. D'après cet auteur, le mineur émancipé ne pourrait pas vendre ses meubles corporels parce qu'il en toucherait le prix sans l'assistance de son curateur et que l'article 482 lui défend de recevoir un capital mobilier sans cette assistance. Ce raisonnement va trop loin ; si on l'admet, il faut décider que le mineur ne pourrait même pas vendre ses récoltes, ni les produits de son travail, ni ses meubles qui se détériorent par l'usage et personne ne va jusque-là. J'ajoute qu'il repose sur une confusion : De ce que le mineur émancipé pourrait vendre ses meubles corporels, il ne s'ensuivrait nullement que le curateur ne pourrait pas l'assister pour en recevoir le prix, et l'intérêt de l'acheteur serait le plus sûr garant de l'accomplissement de cette formalité.

Cet argument écarté, nous allons essayer de démontrer que le mineur émancipé n'a pas le droit de vendre ses meubles corporels. Toute la question se réduit à celle-ci : L'aliénation des meubles rentre-t-elle en principe dans la classe des actes *de pure administration?* Si l'on peut répondre affirmativement, l'émancipé devra avoir la libre disposition de son mobilier corporel; si, au contraire, la réponse est négative, l'aliénation dépassant les limites de sa capacité, on doit la lui interdire. Or les partisans du système que nous combattons reconnaissent eux-mêmes qu'une pareille vente est de sa nature un acte de disposition et que la loi aurait été logique en défendant au mineur de procéder seul à l'aliénation de ses meubles (MM. Aubry et Rau, tome I, page 518, note 3). Cet aveu tranche la controverse en notre faveur. L'article 481 avec son principe qui domine toute la matière de l'émancipation s'oppose donc à la vente par le mineur de son mobilier corporel. Il est bien entendu, d'ailleurs, que nous faisons exception pour la vente des récoltes, des denrées et des meubles qui se détériorent par l'usage.

Mais on nous oppose l'argument *a contrario* tiré de l'article 484 ; nous répondrons que les conséquences même qui résulteraient de ce principe doivent suffire pour nous le faire repousser. Admettons, pour un instant, que l'article 484 permet au mineur d'aliéner ses meubles corporels, comme cet article ne distingue pas, il faudra reconnaître que le mineur peut vendre un mobilier très-riche et ainsi se ruiner, ou au moins, subir une perte fort considérable sans avoir de recours, car ayant agi dans les limites de sa capacité, l'action en rescision pour lésion ne lui serait pas ouverte. Il n'est pas admissible que le législateur ait voulu l'exposer à un danger aussi grave.

Le mineur émancipé peut-il avec ses revenus acquérir des immeubles? La question est controversée. Nous poserons en principe que le mineur ayant le droit de toucher seul ses revenus est libre d'en faire ce que bon lui semble et, par conséquent, peut les employer en acquisition d'immeubles. En agissant ainsi, le mineur fait preuve d'économie, il fait un placement et se conforme au vœu de la loi.

Mais l'achat qu'il aura fait pourra-t-il être réduit en cas d'excès conformément à l'article 484? Il y a des arrêts en ce sens. Nous croyons que c'est mal jugé, l'article 484 s'applique uniquement aux dettes que le mineur pourrait contracter, aux dépenses qui entameraient son capital et non point aux placements qu'il pourrait faire; puisqu'il est libre de dissiper à son gré la totalité de ses revenus, à plus forte raison doit-il lui être permis d'en dépenser une partie en mauvaises acquisitions.

La solution que nous donnons ne serait plus la même si le mineur voulait acheter à crédit et il nous serait impossible d'admettre l'opinion de MM. Aubry et Rau qui, même en ce cas, permettent au mineur les acquisitions mobilières ou immobilières. Nous sommes arrêté par l'article 483 qui prohibe formellement les emprunts ; or si le mineur achète à crédit, il fait un emprunt et doit être entouré de toutes les garanties établies par la loi pour le protéger contre cet acte dangereux.

Si c'était avec son capital que le mineur émancipé voulût acquérir un immeuble, il faudrait ne l'y autoriser qu'autant qu'il serait assisté de son curateur ; en effet, aux termes de l'article 482, le curateur doit surveiller l'emploi du capital reçu par le mineur. Nous déciderons donc que l'achat ainsi fait avec son capital par le mineur sans l'assistance du curateur pourrait être rescindé pour cause de lésion (art. 1305).

La loi ne dit nulle part que le mineur émancipé a le droit de s'obliger, en faut-il conclure que les obligations personnelles contractées par le mineur à raison des actes de pure administration ne seraient pas valables ? Non, une telle solution serait la négation même du pouvoir d'administrer que la loi reconnait à l'émancipé. Comment, en effet, consentir un bail à son fermier, louer une maison, engager un domestique, acheter les choses nécessaires à son entretien, sans contracter et, par conséquent, sans s'obliger. Mais s'il peut s'obliger ses créanciers auront le droit de le saisir et de faire vendre tous ses meubles et immeubles, en vertu du principe posé aux articles 2092 et 2093 : quiconque s'oblige oblige ses biens, et ce principe, nous dira-t-on, ne s'applique qu'aux personnes capables. L'objection n'est que spécieuse ; n'oublions pas, en effet, que c'est seulement dans la limite des pouvoirs de pure administration que nous permettons au mineur de s'obliger ; or, dans cette limite, l'émancipé qui s'oblige est réputé majeur et ses engagements doivent être régis par les mêmes principes que ceux des majeurs et avoir la même sanction. Ajoutons qu'il n'en pourra jamais résulter pour le mineur un danger bien considérable, puisque la loi lui défend d'emprunter et d'hypothéquer ses immeubles même pour garantir les obligations qu'il peut valablement contracter sans l'assistance de son curateur et qu'elle le protége d'une façon toute spéciale en l'autorisant à demander la réduction pour cause d'excès des engagements par lui souscrits.

La conclusion à laquelle nous arrivons est donc celle-ci : le mineur émancipé pourra valablement s'obliger personnellement à raison des actes de pure administration n'excédant pas sa capacité ; nous ne distinguerons même pas entre le cas où ces actes auraient été faits par lui au comptant et le cas où ils auraient été faits à crédit. On avait proposé, il est vrai, de restreindre la faculté du mineur de s'engager par promesse en obligation « à la concurrence d'une année de ses revenus ». Mais Cambacérès combattit cette proposition, en faisant observer que les fournisseurs ne peuvent pas connaître le montant des revenus du mineur émancipé, ni, surtout, savoir s'il n'a pas déjà traité avec d'autres pour des sommes qui les excèdent peut-être de beaucoup, et qu'un tel système aurait pour résultat d'enlever tout crédit au mineur émancipé. Il proposa de valider les dépenses que le mineur contracterait par voie *d'achat à crédit*, à la condition qu'elles rentrent dans les pouvoirs d'une pure administration et qu'elles ne dépassent pas les facultés du mineur. Cet avis prévalut, et l'article du projet fut modifié en ce sens.

C'est une question controversée que celle de savoir si le mineur émancipé peut intenter seul une action mobilière ou y défendre.

Qu'il puisse plaider seul et sans assistance lorsqu'il s'agit de revenus, de fermages et généralement de tout autre chose que ce que la loi appelle un *capital mobilier*, chacun le reconnaît, et il le faut bien puisque l'article 482 en n'exigeant l'assistance du curateur que pour intenter une action immobilière et y défendre impose en quelque sorte cette solution. Mais où le doute apparaît, c'est quand le procès a pour objet un capital. La généralité des auteurs décident dans cette hypothèse que l'assistance du curateur sera nécessaire au mineur émancipé pour plaider; cette exception, selon eux, découle implicitement de l'article 482 qui défend au mineur de recevoir et de donner décharge d'un capital mobilier sans l'assistance de son curateur, ils en concluent « que si cette assistance n'a pas eu lieu, » le mineur aura la requête civile parce qu'il n'a pas » été défendu ou ne l'a pas été valablement (art. 480-» 481 Cod. Proc.) et que le défendeur peut se refuser » à répondre à la demande tant que le mineur n'agira » pas régulièrement. » (Duranton, n° 669).

Nous ne saurions, quant à nous, nous ranger à ce système qui crée une incapacité que la loi n'établit point et qui repose sur une confusion. Comme le dit très-justement M. Valette : « Parce que je suis incapa» ble de recevoir une somme et de la dépenser à mon » gré, s'ensuit-il nécessairement que je sois incapable » d'agir en justice pour obtenir condamnation ? Non, » car toucher l'argent et plaider sont deux choses très- » différentes. » (*Explicat. somm.*, page 317). Il nous semble donc beaucoup plus conforme au texte et à l'esprit de la loi de décider que relativement à un capital mobilier, le mineur émancipé pourra « toujours faire le procès, mais qu'il ne pourra poursuivre l'exécution de la condamnation sans l'assistance de son curateur. » (M. Bufnoir, à son cours).

L'article 1428 donne au mari marié sous le régime de la communauté le droit d'exercer les actions possessoires qui appartiennent à sa femme, nous tirons de ce texte un argument d'analogie pour accorder le même droit au mineur émancipé qui, lui aussi, est un administrateur et qui en formant une action possessoire ou en y défendant ne fait qu'un acte conservatoire et ne touche pas au fond du droit. Il peut également exercer toute espèce de poursuites soit mobilières soit immobilières contre ses débiteurs, afin d'obtenir le payement de ce qui lui est dû, mais il devra se faire assister de son curateur si le remboursement a pour objet un capital.

Quel est l'effet des actes que le mineur émancipé fait dans les limites de sa capacité, c'est-à-dire, dans les limites de l'article 481 ? Le Code répond ainsi à cette question : « Le mineur émancipé fera tous les

» actes de pure administration sans être restituable
» contre ces actes dans tous les cas où le majeur ne
» le serait pas lui-même. »

Ces actes sont donc tout aussi valables que s'ils émanaient d'une personne majeure, ce qui signifie que le mineur ne pourra pas en demander la rescision pour cause de lésion, ni la nullité pour incapacité ou vice de forme (art. 1305). Nous réservons, bien entendu, le cas où le mineur aurait, sous un acte d'administration, cherché à déguiser une libéralité, car alors l'opération tomberait sous le coup des articles 902, 903 et 904 du Code civil.

Pour justifier la règle du Code, s'il en était besoin, il suffirait de citer Pothier : « Les mineurs, dit ce grand
» jurisconsulte, ne sont pas restitués pour cause de
» lésion contre les actes qu'ils ont faits depuis leur
» émancipation, lorsque ce sont des actes de pure
» administration nécessaire; par exemple contre des
» baux faits de leurs héritages pour le temps qu'on a
» coutume de faire des baux, contre la vente ou l'achat
» de choses mobilières, et..; la raison est tirée de
» l'intérêt même des mineurs, parce qu'autrement ils
» ne trouveraient que difficilement des personnes qui
» voulussent contracter avec eux, dans la crainte
» qu'auraient ces personnes d'avoir des procès sous
» prétexte de lésion; ce qui leur causerait un plus
» grand préjudice que ne leur serait avantageux le
» bénéfice de la restitution, s'il leur était accordé
» contre de pareils actes. » (*De la procéd. civile*, Part. v. Chap. vi, art. 11 § 4).

Le Code de Procédure a établi aux articles 83 n° 6 et 481 deux bénéfices destinés à protéger les mineurs : d'abord, il exige que toutes les causes qui les concernent lorsqu'ils estent en justice soient communiquées au ministère public, et, en second lieu, il leur accorde la requête civile, s'ils n'ont pas été défendus ou s'ils ne l'ont pas été valablement. Devrons-nous appliquer ces deux dispositions au mineur émancipé qui n'a fait que des actes de pure administration ? La question est controversée. Si l'article 481 du Code civil avait employé les mêmes expressions dont il se sert un peu plus loin dans l'article 487 en parlant du mineur émancipé commerçant, le doute ne s'élèverait pas, ce dernier texte, dit, en effet, que le mineur émancipé qui fait le commerce est réputé majeur pour les faits relatifs à ce commerce. Mais tout autres sont les termes de l'article 481 ; il dit simplement que « le mineur émancipé fait tous » les actes de pure administration, sans être restituable » ble contre ces actes dans tous les cas où le majeur » ne le serait pas lui-même ». Mais de ce qu'il ne peut pas agir en rescision pour cause de lésion, s'ensuit-il qu'il soit assimilé en tout à un majeur et qu'il n'ait plus les deux bénéfices des articles 83 et 481 du Code de Procédure ?

Nous ne le pensons pas, et ce qui nous confirme dans cette opinion, c'est d'abord, la différence de rédaction des articles 481 et 487 qui nous paraît intentionnelle, ensuite, le texte des articles du Code de Procédure précités qui ne font aucune distinction, à cet égard, entre le mineur émancipé et le mineur non émancipé, enfin, l'article 484 qui montre que le mineur émancipé diffère du majeur, alors même qu'il fait un acte de pure administration.

Nous venons de citer l'article 484 : le 2. de cet article apporte une modification importante au principe de l'article 481. Voici quelle est la disposition de l'article 484 : « A l'égard des obligations qu'il aurait con-» tractées par voie d'achats ou autrement, elles seront » réductibles en cas d'excès. »

A quelle nature d'actes s'applique cette modification? La loi suppose des obligations que le mineur a le droit de contracter et qui sont valables en vertu de l'article 481, car, s'il s'agissait d'actes faits par le mineur en dehors de sa capacité légale, ils pourraient être annulés ou rescindés sur sa demande, conformément aux articles 1304 et suivants. Par exemple, il a loué un appartement, acheté des meubles, ou bien ses locataires ou fermiers ne le payant pas, il a acheté à crédit de ses fournisseurs, ce sont là des actes d'administration par suite desquels le mineur émancipé se trouve valablement obligé ; mais si l'appartement qu'il a loué est d'un prix bien supérieur à celui qu'il devait mettre pour se loger, eu égard à sa fortune et à sa position, s'il a pris un mobilier somptueux, si les achats qu'il a faits chez ses fournisseurs sont hors de proportion avec ses ressources, ces obligations sont excessives, il peut y avoir réduction : « En les contractant le mineur » émancipé n'a pas dépassé la capacité que lui recon-» naît l'article 481, mais il a abusé de cette capacité,

» voilà ce que vise l'article 484. » (M. Bufnoir, à son cours).

Ces obligations pourront donc être réduites par la justice. Remarquons que l'article 484 n'établit pas une action en rescision, il dit que l'obligation sera réductible, ce qui est tout autre chose.

Sous un autre rapport, il ne faudrait pas étendre les termes de notre article, et lui donner plus de portée que le législateur n'a entendu lui en attribuer. A s'en tenir aux mots « *ou autrement* » employés par le texte, on pourrait croire que tout engagement contracté par le mineur dans les limites de sa capacité pourrait être réduit, s'il était excessif. Ce serait une interprétation erronée. L'historique de la rédaction de l'article nous montre que les obligations ainsi réductibles sont uniquement celles qui entraînent le mineur dans des dépenses qui seraient soldées intégralement si elles n'étaient exagérées. Ce que la loi a voulu prévenir, surtout, ce sont des emprunts déguisés sous l'apparence de conventions permises, en principe, au mineur émancipé ; et, comme de toutes les opérations qui pourraient constituer le mineur *en dépense*, les plus dangereuses sont les achats, la loi en a spécialement parlé ; mais, d'un autre côté, les obligations contractées pour cause de réparations, de locations, de constructions peuvent avoir le même résultat et voilà pourquoi la loi a ajouté ces mots « *ou autrement* ». Supposons que le mineur a consenti un bail de neuf ans, et il a loué trop bon marché : le 2° de l'article 484 sera-t-il applicable ? Nullement. De même, le mineur a vendu ses récoltes à trop bas prix, peut-il faire modifier son contrat ? Non, il n'est pas restituable, la convention tient pour le tout, et l'article 481 ne reçoit aucune restriction. Et cela s'explique, parce que, en somme, le mineur n'a point porté atteinte à son capital, la perte n'a atteint que les revenus et n'a pas occasionné de dépenses au mineur (M. Bufnoir).

Le législateur a voulu protéger l'émancipé contre les tiers qui auraient pu abuser de son inexpérience et de ses passions. Aussi laisse-t-il aux tribunaux une grande latitude d'appréciation pour réduire ou non les obligations dont nous venons de parler : « Ils prendront, à » ce sujet, en considération, dit l'article 484, la for- » tune du mineur, la bonne ou mauvaise foi des per- » sonnes qui ont contracté avec lui, l'utilité ou l'inu- » tilité des dépenses. »

II. Actes que le mineur émancipé peut faire avec la seule assistance de son curateur.

En faisant l'énumération des actes pour lesquels le mineur émancipé a besoin de l'assistance de son curateur, il ne sera pas sans intérêt de rapprocher sa capacité des pouvoirs du tuteur du mineur non émancipé. Nous verrons par cette comparaison que si ces pouvoirs se ressemblent quelquefois, il y a cependant de nombreuses différences. Lorsqu'il s'agissait des actes que le mineur émancipé peut faire seul, nous avons posé en principe qu'il n'avait pas les mêmes droits que le tuteur ; quand le mineur est assisté de son curateur, nous allons voir, au contraire, que souvent l'inverse se produit et que, là où l'autorisation du conseil de famille est nécessaire au tuteur, l'assistance du curateur suffit parfois au mineur émancipé.

L'intervention du curateur est nécessaire dans les cas suivants :

1° Pour recevoir le compte de tutelle (art. 480). On a soutenu que ce compte ne pouvait être rendu sans l'intervention de justice, lorsque la tutelle finissait par l'émancipation. Ce système présenté par Toullier et consacré par quelques arrêts est généralement repoussé. On ne comprend même pas, qu'avec un texte aussi formel que l'article 480, la question ait pu surgir. L'emploi des formes judiciaires, en pareil cas, n'aurait d'autre résultat que de mettre des frais au compte du mineur et puisque, nulle part, la loi ne les impose, l'interprète ne doit pas se montrer plus exigeant que le législateur.

Le projet adopté d'abord par le Conseil d'État exigeait que la reddition du compte de tutelle n'eût lieu qu'à la majorité ; cette disposition n'a pas été maintenue, parce qu'elle n'avait aucune raison d'être.

2° D'après l'article 482 « le mineur ne pourra recevoir et donner décharge d'un capital mobilier, sans » l'assistance de son curateur qui surveillera l'emploi » du capital reçu. » C'est afin d'empêcher le mineur de dissiper sa fortune. Que faut-il entendre par *capital* ? En principe, toute somme qui n'est pas un revenu et qui n'est pas due à titre d'intérêts, d'arrérages, etc., constitue un capital. Mais la loi dit « *capital mobilier* » ; pourquoi l'addition de ce mot qui paraît inutile ? C'est que, à l'époque où l'article 482 a été décrété, l'article 529 qui déclare meubles tous les capitaux n'existait pas encore et que les rentes établies pour prix de la vente d'un immeuble étaient encore immeubles. D'un autre côté, des lois postérieures à la promulgation du Code ont permis d'immobiliser certains capitaux, à savoir, les rentes sur l'État et les actions de la Banque de France (Décrets du 16 janvier 1808, art. 7, et du 1er mars 1808, art. 2 et 3). Pour recevoir des capitaux de cette nature, l'article 482 indique, par *a contrario*, que l'assistance du curateur ne serait pas suffisante, il faudrait l'intervention du conseil de famille, et l'homologation du tribunal.

L'article 482 ne distingue pas si le capital provient des économies faites par le mineur émancipé sur ses revenus, ou s'il provient d'une autre source ; aussi, n'admettons-nous pas l'opinion de certains auteurs qui décident que, par cela que le mineur peut disposer de ses revenus comme il l'entend, il peut s'il les a placés, les retirer, sans être assisté de son curateur.

Le curateur est tenu de surveiller l'emploi du capital reçu, et s'il ne l'a pas fait, sa responsabilité se trouverait engagée, au cas où le mineur aurait dépensé l'argent. Quant au débiteur, il lui suffit d'effectuer le payement sous l'assistance du curateur, une fois qu'il s'est conformé à cette prescription, il n'a pas à répondre de l'emploi qui a été fait des deniers (art. 1239). Il sera prudent, de la part du curateur, d'exiger que l'argent soit déposé chez un notaire ou versé à la caisse des dépôts et consignations, jusqu'à ce que le mineur ait trouvé un placement convenable.

Le tuteur, en ce qui concerne la réception d'un capital mobilier, a plus de pouvoir que le mineur émancipé, il peut recevoir seul les capitaux de son pupille et en donner décharge.

3° Le mineur ne peut pas défendre à une action immobilière, sans l'assistance de son curateur; le tuteur, au contraire, aurait le droit de défendre seul à une telle action ; c'est que le mineur émancipé, n'ayant pas la même expérience que le tuteur, risquerait, par une défense inhabile, de compromettre ses intérêts.

4° Le mineur a besoin de l'assistance de son curateur pour intenter une demande immobilière, mais elle lui suffit; ici, les pouvoirs du tuteur sont moins étendus, la loi veut qu'il n'agisse qu'avec l'autorisation du conseil de famille. De même, la simple assistance du curateur suffit au mineur émancipé pour consentir à ce que la saisie immobilière pratiquée sur son débiteur soit convertie en vente volontaire, tandis que le mineur doit prendre l'avis du conseil de famille (art. 744, Cod. Proc.).

5° La seule assistance du curateur est nécessaire au mineur émancipé pour répondre à une demande en partage ou même la former (art. 840); pour provoquer un partage, le tuteur a, au contraire, besoin de l'autorisation du conseil de famille (art. 464 et 840). Du reste, nous ne distinguerons pas si le partage a uniquement pour objet des biens meubles.

6° Le mineur émancipé peut accepter une donation avec la seule assistance de son curateur (art. 935). Ici encore (art. 463) le pouvoir du tuteur est plus restreint ; la loi ne lui permet d'accepter la donation faite à son pupille qu'après avoir obtenu l'autorisation du conseil de famille. Cette différence s'explique facilement : c'est surtout dans l'intérêt moral du mineur que le législateur exige une autorisation, et, comme le tuteur agit sans la participation de son pupille, on a pu craindre que cet intérêt ne soit pas assez sauvegardé ; voilà pourquoi le conseil de famille doit intervenir. Au contraire, c'est l'émancipé qui accepte la donation, et si son honneur devait en souffrir, la présence du curateur suffirait pour prévenir ce danger.

7° Le mineur émancipé peut avec la seule assistance de son curateur transférer au cours du jour ses inscriptions de rente sur l'Etat de cinquante francs et au-dessous (L. du 24 mars 1806, art. 2); et le décret du 25 septembre 1816 a fait l'application de ce principe aux actions de la Banque de France, lorsque le mineur n'est propriétaire que d'une seule action ou de plusieurs coupons d'actions qui ne représentent pas, en totalité, plus d'une action entière.

La loi donne au tuteur, dans ces deux hypothèses, le droit d'opérer seul le transfert, sans consulter le conseil de famille.

Les textes ne parlent pas des rentes sur particuliers, des créances, des actions, des obligations, des valeurs industrielles cotées ou non à la Bourse et, généralement, des meubles incorporels, que faut-il décider relativement à leur aliénation par le mineur émancipé?

Le silence du Code, en cette matière, a, suivant l'expression de Duranton, fait naître autant de systèmes qu'il y a d'interprètes. C'est ainsi que les uns, tout en conseillant aux tiers d'exiger l'assistance du curateur à la cession elle-même, et même, l'autorisation du conseil de famille, s'il s'agit de valeurs importantes, décident que cette assistance du curateur n'est pas nécessaire, en principe. Cependant, ils font exception à la règle qu'ils posent lorsque le mineur veut disposer de droits dans une succession, une communauté entre époux ou une société, à cause de la grande difficulté d'appréciation des droits de cette nature (M. Valette).

Suivant d'autres, l'assistance du curateur est nécessaire, mais suffisante au mineur émancipé pour transférer des rentes sur particuliers n'excédant pas cinquante francs de revenus; quant à celles qui sont supérieures à ce taux, l'avis du conseil de famille devient nécessaire. Ce système, comme on le voit, ne fait qu'appliquer par analogie la loi de 1806 et le décret de 1813.

Il nous est impossible d'admettre l'une ou l'autre de ces deux opinions. Le Code ne s'étant pas expliqué sur la question, c'est d'après les principes généraux que nous devons la résoudre. Toute doctrine qui s'écarte du texte et de l'esprit de la loi est arbitraire et, par conséquent, inadmissible, or, c'est précisément le reproche que nous faisons aux deux systèmes qui viennent d'être énoncés. D'une part, en effet, déclarer applicables aux rentes sur particuliers et aux créances les règles de la loi de 1806 et du décret de 1813, c'est sortir, sans motif des termes de ces dispositions législatives, c'est faire d'une exception une règle générale; et, cela avec d'autant moins de raison, que l'on doit supposer leur silence tout à fait intentionnel. Ne semble-t-il pas évident que si le législateur avait voulu modifier les règles du Code, sur le point qui nous occupe, il aurait pris la peine de s'en expliquer et de déterminer clairement toutes les hypothèses qu'il voulait réglementer à nouveau.

D'autre part, les auteurs qui soutiennent que l'assistance du curateur n'est pas nécessaire au mineur émancipé dans notre hypothèse, nous paraissent ne tenir aucun compte de l'article 481 qui ne permet au mineur émancipé de faire seul que les actes de *pure administration*; or, oserait-on prétendre que la vente d'une créance de quarante mille francs est un acte de pure administration, alors que la loi défend au mineur la vente d'un coin de terre de cent francs, comme ne rentrant pas dans les actes de cette catégorie? Que conclure de ce que nous venons de dire, sinon que la vente des meubles incorporels étant un acte de *large administration*, le curateur doit nécessairement intervenir et que son intervention suffit, puisque le Code ne prévoit que la vente des immeubles quand il exige des formalités plus compliquées. Cette solution est la seule qui tienne compte et des principes généraux et de l'intérêt du mineur émancipé.

Le mineur émancipé peut-il acquiescer avec la seule

assistance de son curateur, ou bien lui faut-il de plus l'autorisation du conseil de famille?

La raison de douter, c'est que l'acquiescement est l'abandon d'un droit qui peut conduire à une véritable aliénation ; en renonçant à se défendre le mineur émancipé peut ainsi faire indirectement ce que la loi lui défend de faire directement. Cette considération a décidé la plupart des auteurs à exiger l'autorisation du conseil de famille et à donner au mineur la requête civile, s'il s'est passé de cette autorisation. Quelques-uns vont même jusqu'à requérir l'homologation du tribunal.

Nous reconnaissons toute la force de ce raisonnement, néanmoins en face des articles 464 et 482 combinés, nous croyons devoir refuser au conseil de famille le droit d'intervenir. Sans doute, la loi, sur ce point, est défectueuse, et on pourrait désirer qu'elle eût protégé un peu mieux le mineur, quand il s'agissait pour lui d'abandonner ses droits. Mais l'interprète n'a pas à considérer ce que le législateur aurait dû faire, il doit raisonner d'après ce qu'il a fait ; et le Code n'impose nulle part au mineur émancipé l'obligation de se faire autoriser du conseil de famille lorsqu'il s'agit d'acquiescer. Au contraire, en lui permettant, avec la seule assistance de son curateur, d'intenter une action immobilière et d'y défendre, il lui reconnaît implicitement le droit de faire tout ce que la conduite du procès exige et, par conséquent, le droit d'acquiescer. L'article 464 ne laisse, d'ailleurs, aucun doute à cet égard : il met sur la même ligne le fait d'intenter une action immobilière et le fait d'y acquiescer ; or le mineur émancipé peut plaider, assisté seulement de son curateur, en matière immobilière, donc cette assistance lui suffit pour acquiescer.

A plus forte raison, reconnaîtrons-nous au mineur émancipé, assisté de son curateur, le droit de se désister d'une action soit mobilière, soit immobilière, puisque le désistement n'est pas la renonciation à l'objet de la demande, mais simplement l'abandon d'une action.

Sous quelles conditions la femme mineure pourra-t-elle demander la séparation de biens ou le mari mineur défendre à cette action ? La question est délicate. Pour la résoudre, tout au plus pourrait-on argumenter de l'article 840, et induire de cet article que la femme mineure n'aura besoin que de l'assistance de son curateur pour demander la séparation de biens et, par suite, la dissolution de la communauté ou la restitution de sa dot, de même que l'assistance du curateur suffira au mari pour répondre à cette demande. L'analogie, disons-nous, est loin d'être complète, car, si la séparation de biens entraîne un partage, ce qui est le cas de l'article 840, elle a un but autrement plus grave et que cet article ne vise pas, la dissolution des conventions matrimoniales qui semblerait devoir nécessiter l'intervention du conseil de famille. Cependant, comme la femme est obligée de demander l'autorisation préalable du président du tribunal, on comprend que le législateur ait pu juger cette garantie suffisante et n'ait pas cru nécessaire d'exiger l'avis des parents. Il faut donc décider que l'époux mineur n'aura besoin que de l'assistance de son curateur.

Quelle est la capacité du mineur relativement aux actions qui concernent son état, telles que demandes en séparation de corps, demandes en nullité de mariage, action en désaveu d'enfant, en réclamation de filiation légitime ou naturelle?

Ici encore, le silence du Code a soulevé de nombreuses controverses aussi bien dans la doctrine que dans la jurisprudence. Et ce silence est d'autant plus regrettable qu'on ne peut même plus raisonner par analogie, car les textes ne nous parlent que de l'exercice des droits pécuniaires, tandis que nous nous trouvons en présence d'intérêts moraux de la plus grande importance.

Nous pensons, qu'à moins d'introduire dans la loi des distinctions que son texte ne comporte pas, la seule solution que l'on puisse admettre est celle qui permet au mineur émancipé, assisté de son curateur, et sans autres formalités, d'intenter les actions relatives à son état.

D'abord, que l'assistance du curateur soit nécessaire, comment pourrait-on en douter, puisque pour l'exercice d'actions beaucoup moins importantes et n'ayant trait qu'aux intérêts purement matériels, comme sont les actions immobilières, le mineur a besoin de la présence de son curateur.

Vainement objectera-t-on, surtout en ce qui touche la séparation de corps, qu'il s'agit d'une action essentiellement personnelle dont le mineur doit être le seul juge. En faisant cette objection, on oublie que le rôle du curateur est un rôle passif, que c'est le mineur, et le mineur seul, qui agit, et que son curateur ne fait que l'assister et le conseiller. Mais, quant à aller plus loin, et à exiger l'autorisation du conseil de famille, le silence des textes ne nous le permet pas.

La mise en cause du curateur est-elle nécessaire au mineur émancipé pour défendre à une demande en interdiction dirigée contre lui, ou même interjeter appel du jugement qui aurait prononcé son interdiction?

Comme la loi a entouré de garanties toutes spéciales le défendeur à la demande en interdiction, qu'elle exige l'avis de la famille, la comparution personnelle de la partie devant le juge, la surveillance obligée du ministère public à toutes les phases du procès, la jurisprudence et bon nombre d'auteurs ont pensé que ces garanties remplaçaient et rendaient superflue l'assistance du curateur.

Nous hésitons, pour notre part, à nous ranger à cette doctrine, et il nous semble préférable d'assimiler la défense à une demande en interdiction aux autres actions d'état, pour lesquelles nous avons exigé l'intervention du curateur. Les garanties dont nous venons de parler sont établies au profit de toute personne, et il y a une certaine inconséquence, selon nous, à ne pas accorder au mineur, dans notre hypothèse, la protection spéciale qu'on n'hésite pas à lui donner dans des cas beaucoup moins importants.

Qu'arriverait-il si le curateur appelé à assister le mineur s'y refusait? L'intérêt du mineur nous paraît exiger qu'il puisse se pourvoir devant le conseil de famille contre ce refus d'assistance, pour faire enjoindre au curateur de la lui prêter, provoquer au besoin, la nomination d'un curateur *ad hoc*, et même le remplacement du curateur existant, s'il persistait dans son refus. Si le conseil de famille rejette sa demande, il faut également reconnaître à l'émancipé le droit de s'adresser aux tribunaux. Cette solution peut s'appuyer sur un argument d'analogie, tiré de l'article 218, qui, en cas du refus du mari d'autoriser sa femme, donne à celle-ci le droit de demander l'autorisation de justice. Ajoutons que, s'il en était autrement, il pourrait dépendre du curateur de compromettre l'exercice des droits du mineur.

Mais que décider si c'était le mineur qui ne veuille pas faire un acte qui lui serait utile ; faudrait-il reconnaître au curateur le droit de l'y contraindre et de protéger ainsi le mineur malgré lui ? Non, ce serait faire sortir le curateur de son rôle. Nous avons déjà dit plusieurs fois, en effet, que l'émancipation donnait au mineur et au mineur seul, le droit d'agir, nul autre ne peut se substituer à lui, et s'il ne veut pas faire un acte qui lui serait avantageux, il ne peut plus être question de l'assister. Ce principe doit s'appliquer aux instances judiciaires comme à tous autres actes, et il faut décider que si le mineur émancipé, après avoir été partie dans une première instance où son curateur figurait pour l'assister, se refuse ensuite à interjeter appel, ou à former opposition, son curateur ne pourra pas employer pour lui ces moyens de recours et de défense. A la vérité, le mineur risquera de subir une perte, mais c'est là conséquence des principes qui régissent la capacité du mineur émancipé.

La Cour de Cassation a jugé, contrairement à l'opinion que nous soutenons, dans une matière analogue : il s'agissait du conseil judiciaire du prodigue, et elle donne à ce conseil le droit de former opposition et d'émettre appel en son propre nom, si le prodigue fait défaut ou n'agit point. Plusieurs auteurs ont étendu cette jurisprudence au curateur du mineur émancipé. C'est à notre avis dénaturer le texte et l'esprit de la loi, car, présenter la défense du mineur ce n'est plus l'assister, c'est mettre le curateur sur la même ligne que le tuteur.

Quel est l'effet des actes passés par le mineur émancipé assisté de son curateur, lorsque cette assistance est tout à la fois nécessaire et suffisante ?

Ces actes sont tout aussi valables que s'ils étaient passés par un majeur, et l'émancipé ne pourrait pas en demander la rescision pour cause de lésion ; si cette proposition n'était pas admise, personne ne voudrait traiter avec le mineur émancipé, quand même il serait assisté de son curateur, ce serait la ruine de son crédit. Outre cette considération, nous pouvons justifier directement par les textes notre solution. Il nous suffit pour cela de généraliser la disposition de l'article 1314 qui dit que les aliénations d'immeubles et les partages de successions faits par les mineurs, avec les formalités requises, seront considérés comme s'ils avaient été faits en majorité. Et l'article 1305 confirme cette manière de voir : il n'ouvre l'action en rescision pour lésion que contre les conventions qui excèdent les bornes de la capacité du mineur, or le mineur émancipé qui agit avec l'assistance de son curateur ne dépasse pas les bornes de sa capacité.

Pour que le mineur ait le droit d'attaquer l'acte passé par lui (quand il s'agit d'actes non assujettis à des formes spéciales), il ne suffit même pas qu'il se soit passé de l'assistance de son curateur, alors que cette assistance était requise, il faut, de plus, qu'il prouve qu'en réalité il a été lésé.

III. Des actes pour lesquels le mineur émancipé est soumis aux mêmes conditions que le mineur non émancipé.

L'article 484 donne la formule générale : « Le mineur » émancipé ne peut faire aucun acte autre que ceux de » pure administration, sans observer les formes pres- » crites au mineur non émancipé. »

Pour plus de clarté, nous allons faire l'application de cette formule générale, d'abord aux cas dont parle la loi, et, ensuite, aux cas dans lesquelles elle ne s'explique pas expressément.

A. La loi s'explique, en particulier, en ce qui concerne les emprunts et les aliénations d'immeubles (art. 483 et 484).

Quant aux emprunts, l'article 484 nous dit : « Le mineur émancipé ne pourra faire d'emprunts, sous aucun prétexte, sans une délibération du conseil de famille, homologuée par le tribunal de première instance, après avoir entendu le procureur du roi. » Mais pourquoi le législateur a-t-il fait une disposition spéciale pour prohiber les emprunts ; il semble qu'avec l'article 484 cette défense est bien inutile ? Sans doute, car il ne viendra jamais à l'idée de personne de ranger les emprunts parmi les actes de pure administration. La présence de l'article 483, qui fait double emploi avec l'article 484 s'explique par un motif historique. Quand le projet de Code fut soumis au Tribunat, il n'était pas question de l'article 484 qui pose le principe général. Ce fut sur la proposition du Tribunat que l'on établit cette disposition. Il n'était plus, dès lors, nécessaire de maintenir l'article 483, spécial au prêt. Ce fut par inadvertance qu'on le laissa subsister, à moins que l'on n'attribue au législateur l'intention, d'ailleurs très-admissible, d'avoir voulu insister particulièrement sur la défense d'emprunter, à cause des dangers que l'emprunt fait courir à la fortune du mineur.

Quoi qu'il en soit, la prohibition d'emprunter est absolue. Les expressions énergiques de la loi qui dit *sous aucun prétexte*, le montrent clairement. C'est que, nous dit Berlier, les prêts sont le fléau de l'inexpérience. Le mineur ne pourrait donc pas emprunter, même pour subvenir à ses dépenses de pure administration, fût-il assisté de son curateur, bien qu'il ait pleine capacité pour faire ces dépenses.

Si le mineur ne peut emprunter directement, il ne lui est pas davantage permis d'emprunter indirectement.

Ainsi, par exemple, une cession de créance qui déguiserait un emprunt devrait être déclarée nulle. C'est ce qu'a jugé avec raison la Cour de Cassation, en décidant que l'acte « par lequel le mineur émancipé, en empruntant une somme d'argent, cède et transporte au prêteur, pour sûreté de l'emprunt, pareille somme à prendre dans une de ses créances, avec subrogation dans l'hypothèque qui y est attachée, ne constitue pas une simple cession mobilière, mais a le caractère d'un emprunt, qui doit, à peine de nullité, être précédé des formalités prescrites par l'article 483 du Code civil. » (Civ. rej., 19 juin 1850, Dalloz 1850, 1 p. 308).

L'article 483 reproduit la prohition que contenait déjà l'article 457, mais il n'ajoute pas comme ce dernier texte, « que l'autorisation d'emprunter ne devra être accordée que pour cause de nécessité absolue ou d'un avantage évident. »

Faut-il en conclure que cette condition n'est plus exigée pour le mineur émancipé? Non, une telle interprétation violerait le texte et l'esprit de la loi; il est impossible, en effet, avec la généralité des termes de l'article 484, 1°, de ne pas traiter le mineur émancipé, quant à l'emprunt, comme le mineur non émancipé. Quelle raison, du reste, y aurait-il de distinguer? Est-ce que le mineur, parce qu'il est émancipé, ne doit plus être protégé, et l'emprunt n'est-il pas un des actes où cette protection lui devient d'autant plus nécessaire qu'il est plus dangereux?

Relativement aux aliénations d'immeubles, nous n'avons que peu de chose à dire ; on leur appliquera les règles de l'article 457. Constatons seulement que d'après l'article 13 de la loi du 3 mars 1841 sur l'expropriation pour cause d'utilité publique, les mineurs émancipés peuvent, après autorisation du tribunal, donnée sur simple requête, en la chambre du conseil, le ministère public entendu, consentir amiablement à l'aliénation des biens dont on veut les exproprier.

Le mineur émancipé pourrait-il seul et sans être soumis aux formalités de l'article 484, aliéner les immeubles qu'il aurait acquis avec le fruit de ses économies? L'affirmative a été soutenue, bien à tort, selon nous, car l'article 484, par la généralité de ses termes, ne comporte aucune distinction parmi les immeubles du mineur émancipé; qui ne voit, du reste, combien il serait imprudent d'exposer le mineur à compromettre en un instant le fruit de ses économies?

B. En dehors des deux cas prévus par les textes, nous avons maintenant à rechercher quels sont les autres cas auxquels doit s'appliquer la formule de l'article 484.

Le premier est le cas de constitution d'hypothèque. Le mineur émancipé ne pourra pas consentir une hypothèque sans l'autorisation du conseil de famille et l'homologation du tribunal. Cela résulte de la combinaison des articles 484, 457, 2124 et 2126 du Code civil. La règle se dégage si claire et si formelle de l'ensemble de ces textes, qu'il nous semble inutile de nous arrêter à la réfutation du système qui prétend induire du silence de l'article 484, sur l'hypothèque, cette conséquence, que le mineur émancipé est maître d'hypothéquer ses biens sans employer les formalités exigées par ce texte. Qu'il nous suffise de faire remarquer que l'hypothèque grevant les immeubles d'un droit réel (art. 2114) soumis à la publicité (art. 2134), et, par conséquent, portant une grave atteinte au crédit du mineur, la raison impose de ne permettre cet acte, qui peut conduire à une aliénation, qu'en l'entourant de toutes les garanties possibles.

Certains auteurs, qui n'ont pas fait de difficulté pour admettre ce principe, ont cependant cherché à y introduire une exception, en ce qui concerne l'hypothèque consentie par le mineur comme garantie des obligations qu'il est capable de contracter seul. Pour déclarer valable l'hypothèque consentie dans ces conditions, indépendamment des formalités de l'article 484, ils se fondent d'abord sur la maxime : *accessorium sequitur principale* ; puisque, disent-ils, le mineur peut valablement contracter seul certaines obligations, il doit pouvoir affecter à leur acquittement ses biens, d'après les modes d'affectation déterminés par la loi, et l'hypothèque est précisément un de ces modes. Ce qui le prouve, c'est que l'article 484 ne défend pas l'hypothèque au mineur émancipé. Et cela, ajoutent-ils, est si vrai, que l'article 6 du Code de Commerce reconnaît formellement au mineur le droit d'hypothéquer ses immeubles, bien qu'il ne puisse les aliéner. Objectera-t-on que l'hypothèque renferme le germe d'une aliénation, on se trompe, c'est l'obligation elle-même qui, en donnant au créancier le droit de saisir et de faire vendre, peut conduire à l'aliénation, et non l'hypothèque. Personne ne conteste que les biens du mineur pourraient être grevés du privilége des fournisseurs (art. 2101), des ouvriers (art. 2103) et d'une hypothèque judiciaire (art. 2123), pourquoi n'en serait-il pas de même de l'hypothèque conventionnelle garantissant les obligations dont le mineur est capable ?

L'hypothèque est même plutôt utile aux mineurs qu'aux créanciers, puisque, d'une part, elle donne du crédit à l'émancipé, et que, d'autre part, elle restreint le droit de poursuite des créanciers hypothécaires aux biens qui leur sont affectés, et ne leur permet de s'attaquer aux autres biens que si les immeubles hypothéqués ne sont pas suffisants pour les désintéresser. Tel est le système soutenu par Toullier, Duranton et Delvincourt.

L'exagération seule de cette doctrine suffirait pour la faire repousser. Est-il soutenable, en effet, que l'hypothèque ne nuise pas au crédit du mineur, et qu'il y ait même avantage pour lui à être tenu d'une dette hypothécaire plutôt que d'une dette chirographaire ? Il faut pousser loin le courage de son opinion pour le prétendre. Cet argument se réfute de lui-même.

Quant à celui que l'on tire des articles 2101, 2103 et 2123, il n'est pas plus probant ; qui ne voit que dans ces cas-là, ce n'est point la volonté du mineur qui donne naissance à l'hypothèque, et qu'il n'y a pas à en induire d'analogie pour l'hypothèque conventionnelle ? Mais, on invoque l'article 6 du Code de Commerce qui permet au mineur émancipé d'hypothéquer ses immeubles. Ce texte, loin de venir à l'appui du système que nous combattons en est, au contraire, la condamnation formelle, car il nous fournit un argument *a contrario* pour le réfuter. Nous demanderons, en effet, s'il était permis, en règle générale, au mineur d'hypothéquer ses immeubles, pour garantir les obligations qu'il a capacité de contracter, pourquoi le législateur aurait pris la peine d'édicter une disposition expresse à cet égard, en ce qui concerne le mineur émancipé commerçant. S'il l'a fait, c'est qu'il voulait introduire une exception au système général qui régit la capacité de l'émancipé, exception qui se justifie en matière commerciale, mais qui n'aurait plus de raison d'être en matière civile.

Au grave reproche que mérite la doctrine de Toullier, de ne tenir aucun compte de l'esprit de la loi, il faut en ajouter un autre, non moins grave, celui de méconnaître entièrement les textes. Que nous disent-ils en effet? L'article 2124 porte que: « Les hypothèques » conventionnelles ne peuvent être consenties que par » ceux qui ont capacité d'aliéner les immeubles qu'ils » y soumettent. » Or, le mineur émancipé n'a pas capacité pour aliéner ses immeubles. L'article 2126 est tout aussi explicite: « Les biens des mineurs ne peuvent être hypothéqués que pour les causes et dans les formes établies par la loi ou en vertu de jugements. » Cette règle est générale et ne distingue pas entre les mineurs.

Enfin l'article 484 coupe court à toute difficulté en déclarant que « le mineur émancipé ne peut faire aucun autre acte que ceux de pure administration, sans observer les formes prescrites au mineur non émancipé. » La constitution d'hypothèque n'est pas un acte de pure administration; donc le mineur émancipé ne peut hypothéquer ses biens qu'en suivant les règles des articles 457 et 458.

Il faut appliquer à l'antichrèse ce que nous venons de dire de l'hypothèque, puisque le créancier antichrésiste acquiert sur l'immeuble un droit de rétention, véritable droit réel soumis à la transcription par la loi du 23 mars 1855.

Le principe de l'article 484 s'applique, en second lieu au cautionnement. En cautionnant, le mineur fait, en quelque sorte, une aliénation indirecte, puisque l'obligation qu'il contracte est étrangère aux besoins de son administration. Et la loi lui défend de contracter des engagements en dehors de ces limites. Aussi trouvons-nous que la Cour de Poitiers a mal jugé, en décidant que le mineur émancipé, qui aliène une créance, peut garantir la solvabilité actuelle et future du débiteur cédé (Poitiers, 18 juillet 1866; Dalloz 1868, 1, 394).

Le mineur émancipé ne pourra pas non plus accepter ou répudier une succession, sans l'autorisation du conseil de famille, et s'il accepte, ce ne sera que sous bénéfice d'inventaire; la loi n'exige pas l'homologation du tribunal. Cela résulte des art. 484 et 461 combinés. Mais voilà une succession purement mobilière qui échoit au mineur, elle renferme des capitaux, le mineur pourra-t-il les toucher sans être assisté au moins de son curateur? L'affirmative a été jugée par la Cour de Rouen relativement au prodigue. L'arrêt s'appuie sur les termes de l'article 482, qui dit que le mineur ne peut recevoir et *donner décharge d'un capital mobilier*, sans l'assistance de son curateur ; par conséquent l'assistance du curateur n'est pas nécessaire lorsque le mineur, saisi de l'hérédité, prend possession des biens de la succession, car, en ce cas, il n'y a pas de décharge à donner, le mineur agissant comme propriétaire et non comme créancier.

Cette solution a pour elle le texte de la loi, mais elle aboutit à permettre au mineur de disposer seul du numéraire qui se trouve dans la succession, c'est pourquoi nous ne l'admettons qu'à regret, lié que nous sommes par le texte, et en constatant que le Code s'est montré ici imprévoyant.

La règle de l'article 484 doit s'appliquer aussi à la transaction. Pour transiger, il faudra que le mineur se conforme aux conditions requises par l'article 467, c'est-à-dire qu'il aura besoin de l'autorisation du conseil de famille, de l'avis de trois jurisconsultes, et de l'homologation du tribunal. Le principe ne souffre pas le moindre doute lorsque la transaction porte sur des droits immobiliers, mais les auteurs sont divisés sur le point de savoir si le mineur peut transiger seul sur des actes de pure administration, par exemple, à propos de ses fermages ou de ses revenus. Nous croyons que l'article 481 donne ce droit au mineur émancipé, puisqu'il le déclare capable de faire seul les actes de pure administration. Cette interprétation est, en quelque sorte, confirmée par l'exposé des motifs du titre des transactions : « Le mineur émancipé, y est-il dit, peut transiger sur les objets d'administration qui lui sont confiés, et sur ceux dont il a la disposition. » Et c'est très-rationnel puisque le mineur émancipé pourrait dissiper ses revenus, comment lui refuserait-on le droit d'en céder une partie, pour prévenir un procès, peut-être, très-couteux?

C'est encore par application de l'article 484 que l'on doit défendre au mineur émancipé, la cession de ses droits indivis dans une succession, une communauté ou une société alors même que ces universalités seraient exclusivement composées d'objets mobiliers, sans observer les formes prescrites par l'article 457.

Enfin, le mineur émancipé reste soumis à toutes les formalités prescrites pour le mineur non émancipé, lorsqu'il s'agit d'aliéner des inscriptions ou promesses d'inscriptions de rentes sur l'Etat dépassant cinquante francs, ou des actions ou portions d'actions de la Banque de France au-dessus de cette somme (Loi du 24 mars 1806 et Décret du 25 septembre 1813). La vente ne pourra donc avoir lieu qu'avec l'autorisation du conseil de famille, et suivant le cours du jour légalement constaté.

La formule de l'article 484 ne doit pas être prise complétement à la lettre, et on doit reconnaitre qu'elle souffre certaines restrictions, autrement, il faudrait dire qu'il y a contradiction dans les textes. C'est ainsi que le mineur émancipé peut intenter une action immobilière (art. 482), provoquer une demande en partage (art. 482 et 840), accepter une donation (art. 935), avec la seule assistance de son curateur; ce ne sont pas là des actes de pure administration, et pourquoi ne pas appliquer la règle de l'article 484? C'est que les textes que nous venons de citer, sont spéciaux, tandis que l'article 484 est général et doit fléchir devant les exceptions.

Lorsque le mineur se trouve dans les cas où la loi exige l'intervention du conseil de famille, avec ou sans l'homologation du tribunal, on peut se demander si l'assistance du curateur lui est encore nécessaire. Les auteurs diffèrent sur ce point. Ceux qui soutiennent la négative s'appuient sur le silence du texte, et sur l'inutilité de l'assistance du curateur, alors que l'émancipé trouve une garantie autrement plus grande dans l'intervention du conseil de famille et dans l'homologation du tribunal; enfin, ils font remarquer que le Tribunal avait proposé la rédaction suivante : « Tous autres actes qui ne seront pas de pure administration ne pourront être faits que *sous l'assistance du curateur* », et que cette partie de l'article 484, d'abord insérée, fut supprimée dans la rédaction définitive, circonstance qui, selon eux, résout la question en faveur de leur système.

Les partisans de l'affirmative pensent, au contraire, que si l'assistance du curateur est requise pour des actes d'une importance moindre, elle doit *a fortiori* être nécessaire dans les cas où la loi exige des formalités plus rigoureuses, afin de mieux protéger le mineur. L'argument que l'opinion contraire tire de la suppression des mots : « sous l'assistance du curateur » n'a peut-être pas la portée qu'on voudrait lui donner, d'autant plus que les rédacteurs n'ont fourni aucune explication à cet égard. C'est cette dernière doctrine que nous adoptons parce qu'elle sauvegarde mieux les intérêts du mineur, et que, malgré l'autorisation du conseil de famille et l'homologation du tribunal, l'assistance du curateur ne cesse pas d'avoir pour l'émancipé une grande utilité.

Quel est l'effet des actes passés par le mineur émancipé avec les formalités spéciales exigées pour le mineur non-émancipé ? Ces actes sont pleinement valables, comme s'ils avaient été faits par un majeur, et ils ne peuvent être attaqués par le mineur, même pour cause de lésion (art. 1305). Que si les formalités exigées par la loi n'ont pas été observées, ils sont, dans l'intérêt de l'émancipé, frappés de nullité, indépendamment de toute lésion. La nullité a sa cause dans un vice de forme (art. 1311).

IV *Des actes interdits au mineur émancipé.*

L'émancipation ne confère à l'émancipé aucune capacité nouvelle dans les cas suivants : — 1° Pour faire une donation entre-vifs (art. 903). Il faut faire exception pour les présents d'usage, les rémunérations, les cadeaux.

2° Pour disposer par testament (art. 904).

Nous rappelons que le mineur qui a seize ans révolus peut disposer de la moitié des biens qu'il pourrait léguer, s'il était majeur; et, d'autre part, que le mineur qui se marie peut donner totalité ou partie de sa fortune à son futur conjoint, pourvu qu'il ait le consentement des ascendants ou du conseil de famille (articles 1398 et 1095).

3° Pour compromettre, c'est-à-dire soumettre à des arbitres la décision de la contestation dans laquelle il est intéressé. Cela a été contesté pour le compromis relatif aux actes de pure administration. Comme il est impossible de concilier cette interprétation avec les textes de la loi, qui ne distinguent pas, nous la repoussons. En effet, l'article 83, 6° du Code de Procédure civile veut que le ministère public soit entendu dans les causes qui intéressent les mineurs, et l'article 1004 défend de compromettre sur aucune des contestations qui seraient sujettes à communication au ministère public. Ces textes ne permettent pas de distinguer.

§ 3. *Du mineur émancipé commerçant.*

On a toujours reconnu que le mineur commerçant avait besoin d'une capacité tout exceptionnelle en ce qui concerne les faits relatifs à son commerce. L'Ordonnance de 1673, qui était devenue le droit commun de la France, portait déjà dans son article 6 : que « tous négociants et marchands en gros ou en détail, seront réputés majeurs pour le fait de leur commerce et banque, sans qu'ils puissent être restitués, sous prétexte de minorité. » Cette disposition est presque reproduite textuellement par l'article 487 du Code civil : « Le mineur émancipé qui fait le commerce est réputé majeur pour les faits relatifs à ce commerce. »

Seulement, depuis le Code, l'émancipation est une des conditions indispensables pour que le mineur jouisse de cette capacité toute spéciale, tandis que dans l'ancien droit, il suffisait que le mineur se mît à faire le commerce, même avant l'âge de vingt ans, sans opposition de la part de ses parents, pour qu'il fût réputé commerçant, et à ce titre non restituable sous le prétexte de minorité, à raison de ses engagements commerciaux.

Cette innovation n'est pas la seule que le législateur moderne a introduite; comme l'extension de capacité conférée au mineur commerçant pourrait lui être nuisible, si elle était accordée sans précaution, l'article 2 du Code de Commerce a établi d'autres garanties pour protéger le mineur qui veut faire le commerce. Il faut : 1° qu'il soit âgé de dix-huit ans accomplis; 2° qu'il ait été autorisé à faire le commerce, par son père ou par sa mère, ou, à défaut de père et mère, par le conseil de famille dont la délibération doit être homologuée par justice; 3° que l'autorisation ait été enregistrée et affichée au tribunal de commerce du lieu où le mineur veut établir son domicile, ou s'il n'en existe point, au greffe du tribunal civil (art. 2, 3, 640 du Cod. Comm.). Ces conditions sont exigées à peine de nullité. Une fois qu'elles ont été remplies, le mineur est réputé majeur pour les faits relatifs à son commerce (art. 487), et, si par suite de son négoce, il éprouve un préjudice, ne sera pas restituable (art. 1308).

En sa qualité de commerçant, mais seulement pour les opérations relatives à son commerce, le mineur émancipé pourra donc vendre ses meubles corporels ou incorporels, acheter, plaider, transiger, emprunter, s'obliger personnellement, sans avoir besoin d'une autorisation spéciale, pour chacun de ces actes. L'article 2206 ne lui sera plus applicable, en sorte que ses créanciers pourront saisir ses immeubles, sans être préalablement tenus de discuter son mobilier. Enfin, le mineur émancipé commerçant aura le droit d'engager et d'hypothéquer ses immeubles (art. 6).

Cependant malgré les termes de l'article 487, le mineur commerçant n'est pas entièrement assimilé à un majeur : il demeure incapable d'aliéner ses immeubles, si ce n'est, en se conformant aux formes exigées par les articles 457 et suivants du Code civil (art. 6, Cod. Comm.).

C'est là une grave dérogation à la règle de l'article 2124 : « Les hypothèques conventionnelles ne peuvent » être consenties que par ceux qui ont la capacité d'a» liéner les immeubles qu'ils y soumettent. » Le législateur avait son motif pour établir cette exception. L'aliénation, dépouillant immédiatement le propriétaire, est, par elle-même, un acte très-grave que le mineur pourrait faire à la légère et sans nécessité, tandis que l'hypothèque ne lui enlève pas ses immeubles, elle est seulement un moyen pour lui de se procurer du crédit qui est le nerf du commerce.

En rapprochant l'article 6 de l'article 7 du Code de Commerce, on voit que la capacité de la femme majeure qui fait le commerce, avec le consentement de son mari, est plus étendue que celle du mineur commerçant ; elle a la faculté d'aliéner aussi bien que d'hypothéquer ses immeubles. Tout ce qu'on peut dire pour justifier cette différence, c'est que la femme majeure a plus d'expérience que le mineur émancipé.

D'après l'article 638 du Code de Commerce, les billets souscrits par un commerçant sont censés faits pour son commerce. Faut-il appliquer cette disposition au mineur émancipé commerçant ? La question est controversée. Nous pensons, quant à nous, que tout billet d'un mineur commerçant est présumé contracté pour son commerce, lorsqu'il n'énonce pas une cause étrangère à ce commerce. En effet, l'article 638 ne fait aucune distinction entre le majeur ou le mineur commerçant, il établit une présomption générale dans ses termes, en comprenant tous les billets, qu'ils soient ou non revêtus de la forme commerciale. Cette solution est, du reste, commandée par l'intérêt même du mineur. Son crédit n'aurait-il pas à souffrir dans beaucoup de cas, si la preuve que le billet souscrit par lui a un but commercial fût restée à la charge du prêteur ? Il est certain que les tiers auraient préféré ne pas traiter avec des mineurs commerçants que de s'exposer à des difficultés. Et puis, si, en réalité, l'engagement pris par le mineur n'était pas pour les besoins de son commerce, il n'aura qu'à en fournir la preuve pour faire tomber la présomption de l'article 638. Ce système nous semble concilier tous les intérêts.

Le mineur émancipé autorisé à faire le commerce, a-t-il besoin d'une autorisation spéciale pour contracter une société commerciale ? La négative a de nombreux partisans, néanmoins, il nous paraît impossible d'admettre leur système. D'abord parce que la capacité du mineur émancipé commerçant est tout à fait exceptionnelle, et, par conséquent, doit plutôt être restreinte qu'étendue, si l'on veut se conformer à l'esprit de la loi. En second lieu, parce qu'il faut supposer que les parents ou le conseil de famille, en autorisant le mineur à faire le commerce, ne prévoyaient pas le cas où le mineur voudraient s'associer et, l'eussent-ils prévu, ils ne connaissaient pas les associés. Il y aurait là un changement de situation et un danger éventuel contre lequel on doit prémunir l'émancipé, en exigeant une appréciation spéciale de la part des parents ou du conseil de famille.

Nous terminons ces quelques notions par deux remarques : 1° aux termes de l'article 3, le mineur qui, sans être commerçant, voudrait faire quelques actes de commerce, devrait se conformer aux prescriptions de l'article 2 ; 2° le mineur artisan mais non commerçant, n'est point, d'après l'article 1308, restituable contre les engagements qu'il a pris à raison de son art, mais il n'en faudrait pas conclure qu'il est majeur et qu'il jouit de la capacité accordée au mineur autorisé à faire le commerce.

CHAPITRE III

DU RETRAIT DE L'ÉMANCIPATION.

L'émancipation est-elle une faveur, comme on le prétend généralement, ou bien est-elle, à proprement parler, un droit, ainsi qu'on l'a soutenu ? C'est une question que nous n'examinerons pas, car l'article 485 lui enlève tout intérêt pratique, en décidant que l'émancipation pourra être retirée au mineur dont les engagements auraient été réduits pour cause d'excès. Pour quelles causes l'émancipation peut être retirée au mineur, dans quelles formes, et quels effets produit cette révocation : tels sont les trois points qu'il nous reste à étudier.

§ 1. *Pour quelles causes l'émancipation peut-elle être retirée au mineur ?*

Il faut que les engagements du mineur aient été réduits en vertu de l'article 484, pour qu'on puisse lui retirer l'émancipation. Mais qui pourra intenter cette action en réduction ? La loi ne le dit pas, de là une controverse parmi les auteurs. Les uns, s'en tenant aux principes, décident que le mineur seul a qualité pour agir, car le mineur émancipé, ayant seul l'administration de ses biens, a seul aussi, par conséquent, l'exercice de ses actions. Qui, en effet, pourrait les exercer en son lieu et place ? Serait-ce le curateur ? Non, puisqu'il n'a qu'un rôle purement passif et qu'il n'administre pas. Serait-ce le père ou la mère ? Pas davantage, puisqu'ils ont abdiqué la puissance paternelle, en consentant à l'émancipation. Le conseil de famille ? Non encore, car sa mission consiste à autoriser le mineur et non pas à agir à sa place.

Donc, dit-on, le mineur et personne autre que lui n'a le droit de faire réduire le contrat où il a figuré comme partie.

D'autres auteurs enseignent, au contraire, que le père, la mère, ou le conseil de famille pourrait demander, au nom du mineur, la réduction de ses engagements excessifs. La loi ne leur accorde-t-elle pas le droit de révoquer l'émancipation? Or, pour que ce droit ne soit pas illusoire entre leurs mains, n'est-il pas nécessaire de leur donner le pouvoir de demander la réduction qui est le prélimaire de la révocation? qui veut la fin veut les moyens, dit M. Demolombe. Qui ne voit, du reste, qu'avec le système contraire, l'émancipation ne serait, en fait, presque jamais révoquée, car le mineur, le plus souvent, soit par un sentiment d'honneur exagéré, soit par la crainte de voir divulguer ses prodigalités, se refuserait à demander la réduction de ses engagements. D'un autre côté, n'est-il pas probable que la perspective de perdre l'administration de ses biens et de rentrer en tutelle, empêcherait le mineur d'user du bénéfice de l'article 484, et rendrait inutile le secours que la loi lui présente ?

Laquelle de ces deux opinions devons-nous choisir ?

Si nous considérons uniquement l'intérêt du mineur émancipé, c'est à la seconde que nous devons donner la préférence. Mais si nous voulons tenir compte des textes, et ne pas faire la loi, nous sommes forcé de nous ranger à la première. Nous ne contestons pas qu'elle ne puisse amener des résultats très-funestes pour le mineur, qu'elle ne le conduise peut-être à la ruine. Il y a dans la loi une lacune regrettable, chacun s'accorde à le reconnaître, mais l'interprète ne peut que la constater, il ne lui appartient pas de la combler. De ce que les père et mère ou le conseil de famille ont le droit de révoquer l'émancipation, il est impossible d'en conclure, ainsi que le fait M. Demolombe, que les personnes autorisées à provoquer cette révocation, soient par là même autorisées à provoquer la réduction.

Ce sont là deux actions entièrement distinctes, dont l'une est si peu la conséquence de l'autre qu'alors même que le mineur aurait fait réduire ses engagements, l'émancipation pourrait encore ne pas lui être retirée. L'article 485, en effet, ne dit pas que l'émancipation *sera retirée* au mineur dont les engagements auraient été réduits, il dit seulement, ce qui est bien différent, *qu'elle pourra être retirée.* Avec ce texte, toute controverse nous semble impossible.

Une autre question également controversée est celle de savoir si, pour retirer l'émancipation, il est nécessaire que les engagements contractés par le mineur aient été réduits effectivement, ou s'il suffit que le tribunal, tout en refusant de les réduire sur la demande du mineur, en raison de la bonne foi des tiers, en ait reconnu l'excès. Il serait certainement très-rationnel, dès que le tribunal saisi d'une demande en réduction par le mineur, aurait déclaré l'engagement excessif, sans cependant le réduire, parce que les tiers étaient de bonne foi, de permettre de révoquer l'émancipation, puisque c'est surtout l'excès qui prouve l'incapacité du mineur.

Cette considération paraît tellement naturelle, que la plupart des auteurs admettent la révocabilité de l'émancipation par cela seul que les engagements du mineur sont excessifs. Malgré l'inconséquence à laquelle aboutit le système contraire, nous nous croyons obligé de l'admettre; le texte de l'article 485 est trop formel pour qu'il soit permis à l'interprète d'en étendre les termes, même pour arriver à un résultat logique. Qu'on remarque, en effet, qu'il s'agit ici de la capacité du mineur, et qu'introduire dans la loi une modification que son texte n'autorise pas, c'est modifier l'état d'une personne, et faire la loi, sous prétexte que la loi est trop étroite. Notre conclusion est donc que, pour pouvoir révoquer l'émancipation, il faut que les engagements contractés par le mineur aient été réduits.

L'inconduite du mineur qui, d'ailleurs, n'administrerait point mal sa fortune, serait-elle une cause de révocation de l'émancipation? Le législateur a eu le tort très-grave de ne pas s'occuper de cette importante question, en sorte que, si l'on veut s'en tenir aux principes généraux, on arrive à cette solution choquante que la loi, après avoir veillé aux intérêts pécuniaires du mineur émancipé, ne s'est en aucune façon souciée de l'intérêt de sa personne et de son avenir. Il y a là une contradiction, assurément peu morale, qui frappe tous les auteurs, mais que presque tous admettent, parce qu'elle s'impose à l'interprète. Jusqu'à M. Demolombe, il n'y avait même pas de doute élevé sur ce point. C'est cet éminent jurisconsulte qui, le premier, a cherché à introduire dans le Code une nouvelle cause de révocation de l'émancipation. Voici ses arguments : D'abord, il est inadmissible que le Code n'ait eu en vue uniquement que l'intérêt pécuniaire du mineur; s'il permet de révoquer l'émancipation lorsque les engagements du mineur ont été réduits, c'est parce que ces engagements excessifs sont, dans la pensée du législateur, l'indice de la mauvaise conduite du mineur sous tous les rapports. Donc si le mineur émancipé, sans contracter des obligations excessives, abuse de sa liberté, on ne fait que se conformer à l'esprit de la loi en révoquant l'émancipation.

En second lieu, dit M. Demolombe, les tribunaux exercent, en ce qui concerne la garde et la protection de la personne du mineur, une sorte de tutelle suprême, et de magistrature domestique. Or, pourquoi ne pourrait-on pas invoquer cette protection dans l'intérêt de l'émancipé, qui, après tout, est toujours un mineur? Pourquoi les magistrats qui pourraient soustraire l'enfant à la garde de son père, ne pourraient-ils pas soustraire le mineur émancipé à ses propres égarements?

Nous allons commencer par répondre à ce dernier argument qui, suivant nous, repose sur un principe erroné. Nulle part, il n'est écrit dans le Code que les magistrats soient investis d'une sorte de droit de garde et de tutelle sur les mineurs; les tribunaux s'arrogent, il est vrai, quelquefois ce droit, mais la doctrine le leur refuse généralement, et ce que M. Demolombe pose comme une règle certaine n'est qu'une question controversée, de laquelle on ne peut rien tirer. Admettons même pour un instant ce pouvoir pour les tribunaux, relativement à la garde des enfants, s'ensuivrait-il qu'on doive étendre un tel pouvoir qui, tout au moins serait exceptionnel, au cas du mineur émancipé ? Non, car il n'y a point d'analogie, puisque l'émancipé et assimilé à un majeur quant au gouvernement de sa personne.

L'autre argument invoqué par M. Domolombe est encore moins probant. De l'ensemble des textes, il résulte que la protection des biens du mineur émancipé a été la seule préoccupation du législateur; qu'on lise les articles qui concernent les mineurs émancipés, aussi bien que ceux qui concernent les majeurs, on verra que le Code ne parle pas de la conduite morale de la personne, mais uniquement de l'administration de sa fortune : c'est ainsi que le majeur peut être pourvu d'un conseil judiciaire s'il dilapide ses biens, tandis que la loi lui laisse pleine liberté sur sa fortune, s'il ne la compromet pas, tout en ayant une conduite scandaleuse. On peut critiquer une pareille législation, mais il est impossible de la changer par voie d'interprétation. La thèse soutenue par M. Demolombe, si elle était admise, donnerait un pouvoir arbitraire aux tribunaux, créerait, sans aucun texte, une cause de révocation nouvelle, et enlèverait à l'émancipé (en dehors des cas où le législateur le permet) une capacité qui lui a été reconnue par la loi. Ce sont là autant de puissantes raisons qui nous décident à ne pas étendre les termes de l'article 485, d'autant plus que, comme nous l'avons déjà dit plus haut, l'émancipation est d'ordre public. Cette considération doit dominer toute la matière.

La généralité des termes de l'article 485 permettrait de supposer que l'émancipation peut être retirée au mineur émancipé par le mariage, aussi bien qu'au mineur émancipé expressément. Mais les derniers mots du texte prouvent qu'il ne s'applique pas au mineur émancipé tacitement, que ce mineur soit encore marié, ou qu'il soit devenu veuf. En effet, il nous dit que l'émancipation sera retirée au mineur, en suivant les mêmes formes que celles qui auront eu lieu pour la lui conférer. Or, l'émancipation conférée par le mariage s'opère de plein droit, sans qu'il soit besoin d'employer des formes déterminées; elle résulte du fait même du mariage dont elle est une conséquence nécessaire, et ne pourrait pas être empêchée par les personnes qui ont consenti au mariage. Mais l'émancipation ne pourrait-elle pas être retirée au mineur devenu veuf et qui avait été émancipé avant son mariage? Non, car postérieurement à l'émancipation est survenu le fait du mariage, et il a toujours été admis que le mariage créait au profit des époux une situation incompatible avec l'état de mineur en tutelle, situation qui devait persister, quand même le mineur serait devenu veuf et sans enfants. C'est la conséquence des principes du Code qui autorisent les mineurs à se marier; elle peut aboutir à ce résultat, que le mineur émancipé par le mariage peut mal gérer sa fortune, que ses engagements peuvent être réduits pour cause d'excès, et qu'il n'en conserve pas moins la capacité que lui confère l'émancipation. Mais ce sont là des exceptions, et la loi ne statue que sur les faits qui se produisent habituellement.

En retirant au mineur émancipé l'émancipation, on lui enlève, par là même, la faculté de continuer le commerce, s'il était commerçant; mais une question vivement débattue est celle de savoir si l'autorisation de faire le commerce peut être retirée directement au mineur. Il y a en faveur de l'affirmative des arguments extrêmement puissants. Le premier, c'est que le mineur émancipé commerçant étant réputé majeur pour les faits relatifs à son commerce, il deviendrait impossible de réduire ses engagements pour excès, et par conséquent de lui retirer l'émancipation, si d'ailleurs, les obligations civiles qu'il a contractées n'étaient pas excessives (art. 487 et 1308). Ses père et mère ou son conseil de famille devront donc assister, les bras croisés, à sa ruine, sans pouvoir l'empêcher d'engloutir sa fortune et celle de ses enfants! Et quelle inconséquence! La loi permet de révoquer l'émancipation si le mineur a fait réduire ses engagements, et elle ne fournirait aucun moyen aux parents de retirer l'autorisation de faire le commerce, quand cette autorisation le conduit à la faillite et au déshonneur? Est-il admissible que le législateur ait voulu consacrer une telle anomalie?

Le second argument est un argument d'analogie; la justice prononce sur les questions relatives à la capacité des personnes, c'est elle, par exemple, qui nomme des conseils judiciaires aux faibles d'esprit, aux prodigues. Pourquoi, dès lors, n'aurait-elle pas le droit de prononcer isolément la révocation de l'autorisation donnée par les parents, ou par le conseil de famille au mineur de faire le commerce? Telle est l'opinion de M. Demolombe; il pense que l'autorisation de faire le commerce pourrait être retirée directement au mineur émancipé, qu'il suffirait pour cela de demander au tribunal civil d'en prononcer le retrait.

Delvincourt a proposé un autre moyen : suivant lui, les parents qui ont autorisé le mineur à faire le commerce devraient dénoncer aux juges les engagements commerciaux du mineur, ces engagements ne seraient pas réduits, mais le tribunal rechercherait si, en les supposant non relatifs au commerce, ils seraient réductibles, auquel cas, ils entraîneraient le retrait de l'émancipation, et, par voie de conséquence, le retrait de l'autorisation de faire le commerce.

Nous reconnaissons que le législateur aurait bien fait de permettre directement le retrait de l'autorisation de faire le commerce, au moins sous le contrôle des tribunaux, par là, il eût pu empêcher souvent les mineurs de consommer leur ruine, et de voir retourner contre eux une capacité qu'il n'a établie qu'en leur faveur. Cependant, il nous est impossible, vu le silence du Code civil, aussi bien que du Code de Commerce, sur le point qui nous occupe, d'accorder isolément aux parents ou au conseil de famille, le pouvoir de retirer l'autorisation qu'ils ont une fois donnée ; elle est devenue un droit acquis pour le mineur, et ne peut plus lui être enlevée qu'avec l'émancipation elle-même.

On objecte que la révocation de l'émancipation peut bien ne pas être possible, si, par exemple, le mineur ne contracte point d'engagements civils excessifs, ou même encore, en ce cas, s'il est marié. Cela est vrai, mais observons cependant, que si le danger est trop grand, les parents auront toujours la ressource de faire nommer au mineur un conseil judiciaire pour cause de prodigalité, et par là de faire révoquer l'autorisation d'exercer le commerce (art. 513, 515).

Les systèmes qui prétendent suppléer au silence du Code ne sont, d'ailleurs pas sans inconvénients. Outre qu'ils conféreraient aux tribunaux un droit arbitraire, qui n'est point écrit dans la loi, ils pourraient permettre, peut-être sans motif, de rompre le cours des opérations commerciales du mineur, et porter une atteinte mortelle à son crédit au moment où il en aurait le plus besoin, pour mener à bonne fin une opération qui paraissait mauvaise. D'un autre côté, donner aux parents le droit de retirer isolément l'autorisation de faire le commerce, ne serait-ce pas ouvrir souvent la porte à des abus et à des collusions entre le mineur et ses parents pour frauder des tiers qui contracteraient avec l'émancipé ? En l'absence de texte, maintenons donc le principe de l'irrévocabilité de l'autorisation, tant que l'émancipation elle-même n'est pas retirée.

Le mineur a-t-il un recours contre la déclaration ou la délibération qui lui a enlevé l'émancipation ?

On l'a soutenu, du moins, quant à la délibération du conseil de famille, en s'appuyant sur ceci que l'article 86 du projet portant ces mots : « La délibération du conseil de famille (sur le retrait de l'émancipation) ne sera point sujette à l'homologation et ne sera susceptible d'aucun recours » a été supprimé.

Il vaut mieux, selon nous, faire une distinction :

La révocation est-elle illégale, soit parce qu'elle est nulle en la forme, soit parce que les engagements du mineur n'ont pas été réduits, alors, nous n'hésiterons pas à reconnaître au mineur le droit de se pourvoir devant les tribunaux. Mais si les conditions, soit de fond, soit de forme se trouvent remplies, comme les père et mère ou le conseil de famille n'ont fait qu'user d'un droit que leur confère la puissance paternelle, nous devons décider que leur délibération ou leur déclaration, est souveraine, et que les tribunaux ne peuvent pas s'opposer à l'exercice de ce droit.

§ 2. *Dans quelles formes l'émancipation est-elle retirée au mineur?*

L'émancipation, dit l'article 485, « lui sera retirée (au mineur) en suivant les mêmes formes que celles qui auront eu lieu pour la lui conférer. » Cette rédaction n'est pas très-exacte; à la prendre à la lettre, il faudrait dire que si c'est le père qui a conféré l'émancipation, et qu'il soit mort ou interdit, il deviendra impossible de la retirer au mineur. Telle n'était pas la pensée du législateur, il a voulu dire simplement que l'émancipation pourra être retirée par les personnes qui auraient qualité pour la conférer. Les formes substantielles restent d'ailleurs toujours les mêmes, puisqu'il faut toujours une déclaration faite devant le juge de paix. « Le droit de révocation, dit M. Valette, comme le droit d'émancipation lui-même, et en général tout ce qui constitue la puissance paternelle, se transmet de l'un à l'autre, suivant un ordre hiérarchique établi par la loi, c'est-à-dire du père à la mère et de celle-ci au conseil de famille. » (*Explicat. somm.* n° 102, p. 335).

§ 3. *Des effets de la révocation de l'émancipation.*

D'après l'article 486 : « Dès le jour où l'émancipation aura été révoquée, le mineur rentrera en tutelle et y restera jusqu'à sa majorité accomplie. » Cette formule aurait pu être plus complète. Supposons que le père et la mère vivent encore, le mineur retombera sous la puissance paternelle, cela n'est pas douteux, il ne pourra être question de tutelle. Supposons encore que le mineur avait ses père et mère quand il a été émancipé et qu'ils sont morts, ou l'un d'eux, quand arrive le retrait de l'émancipation, il est inexact de dire qu'alors le mineur *rentre* en tutelle, puisqu'il n'y avait jamais été. La vérité est, qu'en pareille hypothèse, l'ex-émancipé *entre* en tutelle. Et, comme il s'agit d'une tutelle qui s'ouvre pour la première fois, on suivra, pour la déférer, les règles du droit commun. Si le mineur a encore, soit son père ou sa mère, soit d'autres ascendants, il y aura tutelle légitime. A défaut d'ascendants, ce sera la tutelle dative. Mais il ne peut pas être question de tutelle testamentaire, puisque celle-ci suppose que le survivant des père et mère exerçait les fonctions de tuteur au moment de son décès, et, dans notre hypothèse, il n'y avait pas encore eu de tutelle.

Le point sur lequel les auteurs sont divisés est celui de savoir de quelle manière la tutelle est déférée lorsqu'elle recommence par la révocation de l'émancipation du mineur. L'ancienne tutelle revivra-t-elle ?

Une première opinion soutient l'affirmative, sans faire aucune distinction entre les tuteurs légitimes, testamentaires ou datifs. Cette solution semble bien, dit-on, résulter naturellement de ces mots : « Le mineur rentrera en tutelle. » Elle n'est, au reste, que l'application de la règle usuelle *cessante causâ, cessat effectus.*

D'après un second système, au contraire, la nouvelle tutelle qui s'ouvrirait serait toujours une tutelle dative, puisqu'il n'y a pas de texte réglant une tutelle légitime, et que la première tutelle a cessé d'exister par l'émancipation.

Enfin, une troisième opinion à laquelle nous nous rattachons, parce qu'elle nous paraît plus logique, décide que la tutelle qui doit s'ouvrir, c'est la tutelle de droit commun. En effet, l'émancipation a mis fin à l'ancienne tutelle, les comptes ont été rendus, et le tuteur, aussi bien que le subrogé tuteur ont cessé leurs fonctions, et comme aucun texte ne les oblige de les reprendre, il serait arbitraire de leur imposer à nouveau cette charge. Les choses se trouvent donc remises dans le même état que si la tutelle était déférée pour la première fois. En règle générale, il n'y aura pas lieu à la tutelle testamentaire, mais ce cas pourra cependant se présenter, si le survivant des père et mère, lorsqu'il a émancipé son enfant, lui a nommé un tuteur par testament, pour le cas où l'émancipation serait révoquée, ou bien, si après le retrait de l'émancipation, le survivant des époux, qui était devenu tuteur légal, meurt après avoir choisi un tuteur testamentaire. En dehors de ces hypothèses, ce sera la tutelle légale qui s'ouvrira et la tutelle dative à défaut d'ascendants.

Le mineur dont l'émancipation aura été révoquée restera en tutelle (ou sous puissance paternelle jusqu'à sa majorité accomplie). La loi défend de l'émanciper à nouveau parce qu'il a fait preuve d'incapacité. Mais cette défense ne s'applique qu'au cas d'émancipation expresse ; si les père et mère ou le conseil de famille, consentent au mariage du mineur avant sa majorité, celui-ci se trouvera émancipé de plein droit et reprendra la gestion de ses biens, comme s'il n'avait pas été reconnu incapable de les administrer. Cette inconséquence a fait dire à un auteur que « c'est pousser la faveur du mariage jusqu'à l'absurde ». Une telle critique nous paraît exagérée ; nous croyons que si le législateur a laissé subsister cette contradiction, c'est qu'il a eu confiance dans l'affection et l'expérience des parents ou du conseil de famille, qui sauront bien apprécier si le mineur a acquis plus de maturité d'esprit et s'il convient de lui permettre de se marier, et, par conséquent, de gérer son patrimoine.

Il nous reste à examiner une dernière difficulté. La révocation de l'émancipation fait revivre la puissance paternelle, le droit de garde, de correction, d'administration légale, mais fait-elle revivre le droit de jouissance légale, si le mineur a moins de dix-huit ans ?

La majorité des auteurs tient pour l'affirmative, et cette opinion qui paraît très-logique, peut se soutenir avec beaucoup de force. La puissance paternelle revit, ses attributs doivent revivre avec elle, il n'y a pas à les scinder, à prendre les uns et à rejeter les autres, c'est un tout indivisible. Et puis, serait-il logique de rétablir l'administration légale et de ne pas donner au père ou à la mère, en compensation de cette charge, l'usufruit légal ? *Ubi emolumentum, ibi onus esse debet.*

Quant à nous, nous préférons la doctrine contraire. Elle nous semble dictée par l'intérêt de l'enfant. Et en effet, si nous rétablissons, au profit du père, le droit de jouissance légale, nous retournons contre l'enfant la protection que la loi a voulu lui accorder, en lui permettant de demander le retrait de l'émancipation qui pouvait lui nuire. Nous lui ferons, en quelque sorte, acheter à son père le retrait de l'émancipation. Et ne sera-t-il pas à craindre que cette perspective n'empêche le mineur de demander la réduction de ses engagements excessifs ?

On nous objecte l'indivisibilité des conséquences de

la puissance paternelle. Notre réponse est facile. Quand le mineur atteint dix-huit ans, le droit de jouissance légale cesse, et cependant le père conserve l'administration des biens de son enfant. Il n'y a donc pas indivisibilité absolue dans les conséquences de la puissance paternelle. (M. Bufnoir, à son cours).

APPENDICE

De l'émancipation des enfants naturels, adultérins, incestueux, ou admis dans les hospices.

Nous n'avons que peu de chose à dire sur ce sujet. Les règles de l'émancipation diffèrent, selon qu'il s'agit 1° d'enfants naturels simples non reconnus, ou d'enfants adultérins ou incestueux ; 2° d'enfants naturels reconnus ; 3° d'enfants admis dans les hospices, à quelque titre que ce soit, enfants trouvés, abandonnés, ou orphelins.

1. Les enfants naturels simples, non reconnus, ne peuvent jamais être émancipés que par un conseil de famille composé d'amis ou de notables du lieu où le mineur a son domicile.

La même règle s'applique aux enfants issus d'un commerce adultérin ou incestueux, encore bien que leur filiation ait été exceptionnellement constatée, car nous savons qu'entre ces enfants et leurs parents, la loi n'établit aucun rapport de puissance, et qu'ils sont étrangers les uns aux autres.

Sur cette première classe d'enfants, remarquons qu'ils ne pourront jamais être émancipés expressément avant d'avoir atteint l'âge de dix-huit ans, car, les père et mère seuls ont le pouvoir d'émanciper avant cet âge. Ici, surtout, apparaît l'utilité du système qui permet au mineur lui-même d'inviter le juge de paix à convoquer le conseil de famille à l'effet de l'émanciper.

II. Les enfants naturels reconnus, s'ils sont émancipés par celui de leurs auteurs qui les a reconnus, se trouvent régis par les mêmes règles que les enfants légitimes. En effet, les parents naturels ont la puissance paternelle sur leurs enfants reconnus, et par conséquent, le droit de conférer l'émancipation, même dès l'âge de quinze ans (art. 383). Mais lorsque l'auteur de la reconnaissance est mort, l'enfant ne pourra être émancipé avant dix-huit ans.

III. Les enfants admis dans les hospices sont, quant à l'émancipation, aussi bien que quant à la tutelle, soumis à une législation spéciale : la loi du 15-25 pluviôse an XIII (4-14 février 1805). L'article 4 de cette loi porte que « les commissions administratives des hospices jouiront, relativement à l'émancipation des mineurs qui sont sous leur tutelle, des droits attribués aux pères et mères par le Code civil. »

Il résulte de ce texte que les commissions administratives peuvent émanciper les enfants admis dans les hospices, dès qu'ils ont atteint l'âge de quinze ans.

La suite de l'article nous dit par qui et comment l'émancipation sera faite : « L'émancipation sera faite sur l'avis des membres de la commission administrative par celui d'entre eux qui aura été désigné tuteur, et qui seul sera tenu de comparaître à cet effet devant le juge de paix.

« L'acte d'émancipation sera délivré sans autres frais que ceux d'enregistrement et de papier timbré. »

Enfin, une particularité que nous avons déjà signalée, et qu'il est bon de rappeler, se trouve indiquée par l'art. 5 : « En cas de d'émancipation, il (le receveur de l'hospice) remplira les fonctions de curateur. » C'est une exception à la règle qu'il n'y a pas de curatelle légitime.

POSITIONS

DROIT ROMAIN.

I. L'*infantia* ne cessait qu'à l'âge de sept ans.

II. L'impubère sorti de l'*infantia* qui avait agi *sine auctoritate tutoris* pouvait être tenu d'une obligation naturelle.

III. Le magistrat ne pouvait accorder un décret pour aliéner les biens du pupille qu'au cas unique de dettes à éteindre.

IV. Le tuteur d'un impubère répondait de sa faute appréciée *in concreto*.

V. Le tuteur qui, dans la limite de ses pouvoirs, aliénait un bien du pupille rendait l'acquéreur propriétaire *jure prætorio* mais non pas *jure civili*, dans le droit antérieur à Justinien.

VI. Dans le droit classique, la *filia familias* pubère pouvait valablement s'obliger.

DROIT FRANÇAIS.

I. La mère a le droit de conférer l'émancipation à

l'enfant commun âgé de quinze ans, si le père est interdit ou absent.

II. Le mineur âgé de dix-huit ans dont le père et la mère sont interdits peut être émancipé.

III. La curatelle du mineur émancipé est toujours dative.

IV. La curatelle est une charge obligatoire.

V. Le mineur émancipé ne peut aliéner seul ni ses meubles corporels, ni ses meubles incorporels.

VI Le mineur émancipé peut acheter seul des immeubles avec le produit de ses revenus, et l'achat ne pourrait pas être réduit pour cause d'excès.

VII. Le mineur émancipé peut intenter seul une action immobilière et y défendre.

VIII. Le mineur émancipé ne peut, sans observer les formes exigées pour le mineur non émancipé, consentir une hypothèque sur ses biens, même, pour garantir des obligations qu'il a contractées dans les limites de sa capacité.

IX. Les billets souscrits par un mineur émancipé commerçant sont réputés souscrits pour son commerce.

X. Le retrait de l'émancipation ne fait pas revivre le droit de jouissance légale.

XI. L'autorisation de faire le commerce ne peut pas être retirée isolément au mineur émancipé commerçant.

XII. La femme mariée peut être pourvue d'un conseil judiciaire.

DROIT CRIMINEL.

I. La réhabilitation anéantit les résultats de la condamnation, mais elle n'anéantit pas la condamnation elle-même.

II. L'homme qui accepte d'un tiers la mission de le tuer commet un meurtre et doit subir les peines du meurtre.

DROIT DES GENS.

I. Celui qui, le premier, entre en guerre, est obligé d'annoncer la guerre à l'ennemi avant de commencer les hostilités.

II. Le pavillon neutre couvre la marchandise ennemie, excepté la contrebande de guerre.

Vu par le Président de la thèse,
C. BUFNOIR.

Vu pour le Doyen,
A. VALETTE.

Vu et permis d'imprimer :
Le Vice-recteur de l'Académie de Paris :
A. MOURIER.

Paris. — Imp. de E. DONNAUD, rue Cassette, 9.

www.ingramcontent.com/pod-product-compliance
Ingram Content Group UK Ltd.
Pitfield, Milton Keynes, MK11 3LW, UK
UKHW020952230726
13923UKWH00007B/284